株式会社サンリ会長
ツキのカリスマ
西田文郎
Fumio Nishida

他《た》喜《き》力《りょく》

新装版

この「脳の力」を使うと、
幸運が押し寄せる！

清談社
Publico

他《た》喜《き》力《りょく》

新装版

この「脳の力」を使うと、
幸運が押し寄せる！

西田文郎

まえがき

「最上級の運」を身につける「究極の法則」

あなたは今、心はもちろん、経済的な面でも、豊かで幸せな人生を送っていますか？

愛する人、気のおけない仲間たちに囲まれて、喜びでいっぱいの毎日を送っていますか？

もし「ＮＯ」と答えた人は、ラッキーな人です！

これまでどんなにふんだりけったりの人生だったとしても、この本で述べる究極の成功方法を知り、実践することで、毎日が楽しくてしょうがないツキのある人間に変身することができるからです。

つまり、今この本を開いたあなたは、豊かで幸せな最高の人生への扉をオープンしようとしているも同然なのです！

答えが「ＹＥＳ」の人、きっとあなたは、すでに成功されている人なのかもしれません。

でも、その成功がこの先、ずっと続くと確信できるでしょうか。

人は、夢が叶《かな》って成功したら、そこがゴールだと考えます。

しかし、本当のゴールは、成功という状態を常に保ち続けること、つまり、ツキや運のレベルを超え、天運《てんうん》を手に入れることにあるのです。

これがなければ、成功してもドスンと落ちてしまったり、あるいは、燃え尽き症候群のように何をやっても新鮮味がなく、おもしろくない毎日を送るようになったりしてしまうのです。

ここまで読んでお気づきでしょう。この本は、単なる成功法則や自己実現の方法を述べているものではありません。

この本は、**今現在、何ももっていない人を成功者にし、ムダに努力を重ねているツキのない人を強運にし、さらには、天運といって、この世の幸運をすべて手にし、与えられた使命を果たす「最上級の運」を身につける方法をあますところなく述べたもの**なのです。

もちろん、私のもとにきてくださったスポーツ選手、オリンピック選手、経営者、ビジネスパーソンの方々には、かならずこの究極の成功法則を伝授し、実践していただいています。

その結果、金メダルを獲得したり、超一流選手としての地位をゆるぎないものにしたり、不況下にもかかわらず業績をぐんぐん上げたりするなど、みなさん夢を叶え、豊かで幸せいっぱいの人生を手にされました。

では、その究極の法則とは何か？

それこそが、この本のタイトルである「他喜力《たきりょく》」です。「自分ではなく他人を喜ばせる能力」のことで、私が何十年と、西田会《にしだかい》に訪れたさまざまな方々に伝えてきた究極の成功法則です。

世の中には、夢や目標をもち、それに向かって努力を続けている人たちがたくさんいます。

経営者、営業パーソン、サラリーパーソン、フリーランス、スポーツ選手、アーティスト、主婦、就活中の人、婚活中の人……等々、みなさん努力をしてがんばっています。
ところが、同じようにがんばっていても、その努力が報われて見事大輪の花を咲かせる人もいれば、逆に、人の何倍も努力をしているのに、まったく報われず器用貧乏で終わっている人もいます。
なかには、やりたいことだと思ってがんばってきたのに、なかなか報われないために、本当にこれがやりたかったことなのだろうか？　と、迷い出し、ストレスでいっぱいになっている人もいます。一度きりの人生であるにもかかわらず、なんとももったいない話です。

いったい、この違いはどこで生まれるのでしょうか？
彼らには、何が足りないのでしょうか？

本当のことを言いましょう。
うまくいかない人は、自分を喜ばせることしか考えていないのです。
夢を叶えて成功している人というのは、自分を喜ばせるだけでなく、他人を喜ばせる方法を常に研究し、それを常に実践しているから、豊かで幸せな人生を手に入れられたのです。

世の中は、他人を喜ばせた人が勝つ仕組みになっているのです。努力が報われない人、やりたいことがわからずに迷っている人、ストレスでいっぱいになっている人というのは、その法則を知らないから抜け出せないのです。両者の違いはたったそれだけしかありません。

はっきり言いましょう。すべての成功、そして幸せの根源、それが「他喜力」なのです。

どんなに不況の世の中でも、他喜力のある経営者はけっしてへこむことはありません。なぜなら、おもしろいアイデアが次々にわき出てくるからです。常にお客さんを喜ばせようと考えているので、いやがおうにもアイデアが浮かんでくるわけです。同じような商品なら、誰だって、楽しくて嬉《うれ》しいサービスにお金を出すはずです。

他喜力の力は大変なものです。一人ひとりの他喜力が集結することで、社会を変えることも可能になります。個人が発揮した他喜力で家族や会社がよくなり、家族や会社が発揮した他喜力で地域がよくなり、地域が発揮した他喜力でそれより大きな集団、つまり、今困難に瀕《ひん》しているこの国を救う力にもなるのです。

私はそのために、今まで外部には公開していなかった究極の成功法則である他喜力を、西田会にきてくださる方々以外にも、広く公開することに思い至ったのです。

人を喜ばせる力、人の成功を喜ぶ力。他喜力がどれほど強靭《きょうじん》で素晴らしいものなのか、この本で知ってください。そして、読み終えたら、すぐに実践し体感してみてください。

他喜力を身につけられた方すべてが、愛する人、気のおけない仲間たちとともに、真に豊かで幸せな人生を手にされることでしょう。

西田《にしだ》文郎《ふみお》

[目次]

第2章 「他喜力」は簡単に高められる

第3章 「他喜力」を磨くと、大きなツキがやってくる

第4章 「他喜力」があれば、他人を自由に操れる

第1章

「他喜力」はすべての悩みを解決する

天才と凡人の違いは「人を喜ばせる」かどうか

トーマス・エジソンは、誰もが知る〝偉い人〟です。

ご存じのように彼は、電球や蓄音機など、たくさんの発明・改良品をこの世に誕生させました。

なぜ彼はこれほどまでに偉大な発明家になることができたのでしょうか？

母親の教育がよかったからでしょうか？　運がよかったからでしょうか？　それとも努力の人だったからでしょうか？

どれも間違いではありませんが、残念ながら、一番の理由はこの中にはありません。

では、彼を偉大な人物にしたものは何か？

それこそが、この本のタイトルでもある「他喜力」です。

他喜力とは、読んで字のごとく「他人を喜ばせる力」で、これは、私の辞書にはありますが、市販の辞書にはどこにも載っていません。しかし、人が輝いて、豊かに幸せに生きるためには欠かすことのできない力なのです。

エジソンの有名な言葉に、「天才とは、1%のひらめきと99%の努力である」というものがあります。いかなる天才であっても、その発明の裏には、計り知れない努力があるのです。

では、エジソンがそれほど努力できたのは、なぜだったのでしょうか。研究が好きだったからでしょうか。もちろん、それもあります。しかし、それだけでは大きな壁を乗り越えることはできません。では、なぜか。それはエジソンの発明や改良の根底には、「たくさんの人たちを喜ばせたい」という強い願いがあったからです。言い換えれば、とてつもなく大きな他喜力があったからこそ、エジソンは人々に喜ばれるものを大変な努力の末に、つくりあげることができたと言えます。

どれほど知能が高く、才能があったとしても、そこに他喜力がなければ、研究者は素晴らしいものを発明・発見することはできません。

天才エジソンと凡人発明家の根本的かつ大きな違いは、他喜力の高さなのです。

エジソン自身も天才だったのですが、彼の目指していたのは、「天才の集団」をつくることにありました。助手・研究員一人ひとりの能力が、3倍、4倍、5倍になるような「集合天才型組織」を目指していたのです。

エジソンの発明の数々は、彼がひとりでつくりだしたものだと思われがちですが、設立した研究所の中で、仲間とともに生み出されたものが数多くあります。

一人ひとりは微力でも、それぞれがもてる力を発揮して集結することで大きな成果を上げていたのです。

こうした、チームの結束力や能力というのは、マネジメントする人間の力量で低くも高くもなります。ひと言でいえば、相手のモチベーションをどれだけ上げられるかという差なのですが、その大もとになるものは何かというと、それこそが相手をどれだけ喜ばせることができるかという力「他喜力」にほかなりません。

おそらくエジソンは、誰かがよい考えを出した際には、「素晴らしいね、よくぞ気づいた!」といったねぎらいの言葉をかけ、周りに高揚感を与えつつ、自分も高揚し、どんどんプラスのスパイラルに巻き込んでいったのではないかと思います。

大きな他喜力をもつ人には、誰もが力になりたいと思うものです。つまり、「人を喜ばせることは、結局は巡り巡って自分を喜ばせることにつながる」のです。

このことを知ってか知らずか、とにかくエジソンは、他喜力というものを人一倍発揮し、たくさんの発明・改良品を世に誕生させていったわけです。

だからエジソンは偉い人なのです。

ここまでのまとめ

◎天才はみな、「他喜力」をもっている
◎「他喜力」をもっている人に対して、周りは力になりたいと思う
◎偉業の陰には「他喜力」あり！

もう一度会いたいと思う人には「他喜力」がある

他喜力のある人の大きな特徴として、「その人に会っているだけで楽しい」ということがあります。

よく、あの人がくるとその場がパッと明るくなるとか、あの人がいると雰囲気がよくなるということがありますが、それが何かといったら、他喜力の高さにほかなりません。

長嶋茂雄《ながしましげお》さんなどはその代表選手でしょう。オーラがあるというか、とにかく長嶋さんがいるだけで周囲が楽しくなってしまいます。

かつて野村克也《のむらかつや》さんが、「長嶋茂雄はヒマワリの花、私は月夜にひっそりと咲く月見草ですよ」と言っていたのはこの違い、つまり、他喜力の違いなのです。

一般的には、長嶋さんは天然でユニークなキャラクターだと思われていますが、それだけの人ではありません。

もちろんそういう部分もあるのですが、どのようにしたらお客さんを喜ばせることができるかを考え、サービス精神旺盛にプレーしていたのです。

たとえば、空振りしたときにカッコよくヘルメットが落ちる体の振り方まで考えて練習したり、プレー中には、本来のポジションはサードであるにもかかわらず、ショートのゴロまでとりに行ったりしていました。ショートの人間にとってはいい迷惑なのですが、観客はこれに大喜びです。

プロというのは実力があって当然で、それに魅《み》せる能力があること、つまり、「他喜力」があるかどうかが勝負なのです。

そんな長嶋さんですから、とにかく彼がいるだけで理屈抜きに楽しいのです。スーパースターと呼ばれないわけがありません。

たしかに、もともとそういった素質はあったのかもしれません。しかし、素質よりも習慣です。

人を喜ばせたいということが習慣化しているからこそ、ボールの投げ方ひとつでも、カッコよく見せるためにはどうしたらいいのかと考えて練習するし、空振りをしたときの練習までもするようになるのです。

スポーツ界では長嶋さんですが、ほかに、たとえば、政治家であげるとしたら、田中角《たなかかく》栄《えい》さんでしょう。

1972年に日中国交正常化を果たした折には上野《うえの》動物園にパンダを連れてきたり、日本列島改造論で国民をワッと驚かせたりするなど、本当に人を喜ばせるのが好きな人でした。

他喜力が高く、人の心を捉えることに長《た》けた人物だったからこそ、歴代総理の中で、伝説のように語り継がれ、今なお人気があるのでしょう。

角栄さんの他喜力には、根本的な部分に、やはり使命感のようなものがあったのだと思います。

角栄さんのみならず、経営者でも、ひと昔前のトップの人たちというのは使命感が強かったのです。それは、人の器の大きさでもあるのですが、かつての政治家や経営者はそれが大きいので人を喜ばせようと思う気持ちも強かった、つまり、他喜力が高かったと言えます。

「他喜力」があれば、立地が悪くても人気店になれる

仕事柄、日本全国いろいろな街に行くのですが、どのような街でも、たとえば、同じような品物を売っているのに、流行《はや》っている店とそうでない店というのがあります。

どちらにも関心があるのでフラリと入ってみるのですが、やはり、流行っているところは他喜力があるし、流行っていないところは他喜力がないことがわかります。

たとえば、他喜力のある洋服屋さんの店員さんは、お客さんについたり離れたり、相手の気持ちを考えながら上手《じょうず》に対応しています。

一方、他喜力のないところは、お客さんにピタリとくっついて離れません。たしかに笑顔で応対はしているのですが、あまりにもべったりはりつかれると、いかにも売ろうという思いがみえみえで、あまり気持ちのいいものではありません。

居酒屋さんでも、やはり流行っているところとそうでないところは他喜力に歴然たる違いがあります。

飲食店だと、美味《おい》しさや、値段の高い安いが重視されるように思うかもしれませんが、

じつはそういったことは、思ったほど評価に影響しません。大切なのは、その店全体の雰囲気です。

他喜力のある店は、じつに店全体の雰囲気がいいものです。入った瞬間から、なんとなくいい雰囲気が伝わってきます。

人は気分次第でいろいろなことが大きく左右されますから、あばたもえくぼではありませんが、味が普通でも、お客さんはいいほうに解釈してくれるのです。

やはり、みんながいい店だと認めているところは、ほんのちょっとしたことにでも他喜力があって、雰囲気がいいのです。

また、店は立地が大切だと考える人も多いものですが、現実には100%の立地条件がそろっているところなどほとんどありません。

ですが、どんなに立地条件が悪くても、流行っている店は流行っています。東京江戸川《えどがわ》区にある「読書のすすめ」という本屋さんは、駅から8分程度歩いたところにある、けっして立地条件のいい店ではないのですが、全国からお客さんがやってくる繁盛店です。

街角の本屋さんという佇《たたず》まいでありながら、POPを段ボールでつくったり、買ってくださった方には幸せになるおみくじが用意されていたりと、随所にお客さんを楽しませようとする工夫《くふう》が見られます。また、清水克衛《しみずかつよし》店長の人情味あふれるキャラクターも人気の秘密です。お客さんが清水店長に仕事や人間関係の悩みを話し、それに合った本を紹介してくれるなど、まるで本のソムリエのような役目を果たしています。

けっして押しつけではなく、お客さんから相談されれば答えるという距離感があるから、お客さんも心地よく買っていくのです。

もちろん、立地のよい場所で商売をしたのなら、有利です。しかし、それだけでリピーターは生み出せません。人を喜ばせワクワクさせる何かがなければ絶対に繁盛店にはなれません。

ここまでのまとめ

◎繁盛店には、かならず「他喜力」がある
◎流行ってない店は「味」より「他喜力」を向上させよ
◎ひとりよがりのサービスでは、かえって客足は遠のく
◎「他喜力」があれば、不利な条件も克服できる

一流の人は「魅せる技術」をかならずもっている

たとえば、喫茶店ではお店の人が「いらっしゃいませ」と言ってコーヒーを出します。ほとんどの人は、それで仕事をしているという感覚でいるのではないでしょうか。

残念ながら、それは単に作業をこなしているだけで、仕事をしていることにはなりません。他喜力をもってサービスにあたって、はじめて仕事になるからです。

他喜力をもってしたのなら、コーヒー1杯を出す際に、お客さんを楽しくさせる、笑顔の「いらっしゃいませ」があるはずです。

その笑顔でお客さんの気分をよくしてはじめて、仕事をしているということになるのです。そして、その先にさらにレベルの高い「魅せる技術」の数々があり、その魅せる技術こそが、いい仕事をしているのかそうでないかの差を生むわけです。

ですから、仕事をするとき、あるいは、社員教育をする際は、基本的な部分をおさえるだけではなく、**見られているという意識をもつようにすること、指導することが大切**です。

一流の芸能人はもとより、一流と名のつくすべての職業の人はみなさんそうです。魅せる技術が高いのです。

逆に、一流ではない人というのは、実力はあるかもしれませんが、そこのところの技術が低いものです。見ていても楽しくないので、当然ながら、いまひとつ人気が出ません。

先の長嶋さんもそうですが、一流の人というのは魅せる技術に長けています。それこそが他喜力です。

他喜力ある人間はどの分野でも、ラーメン屋さんでも、OLさんでも、スポーツ選手でも、営業パーソンでも、すべてにおいてツキと運を呼び寄せ、成功していけます。


ある温泉旅館では、1泊2食の料金を1・5倍以上も値上げしたにもかかわらず、逆に利用客が増えました。

全室リフォームをしたわけでもなければ、大がかりな広告を出したわけでもありません、また、やり手の女将《おかみ》をヘッドハンティングしてきたわけでもありません。

なんのことはない、夕食時に「マグロ解体ショー」を盛り込んだだけです。

日頃見ることのできない大きなマグロの姿や、料理人の見事な包丁さばき、お祭りのような会場の雰囲気がウケ、それまでは自転車操業を続けていたような経営状態だったものが、いつしか人気の温泉旅館になったのです。

魅せる技術の高さ、つまり、他喜力が高まれば、こうした効果は当然のごとく生まれます。

お客さんを呼び込むために、値段を下げていたのでは、デフレスパイラルに巻き込まれるだけです。経営が危うくなるのは目に見えています。他喜力にそった付加価値をもたせることで客単価を上げていくことが、本当の経営安定、ひいては成功につながるのです。

ここまでのまとめ

◎一流になる人は、「魅せる技術」も磨く

◎見られているという意識が仕事を向上させる

◎お客さんが惚《ほ》れぼれするような〝付加価値〟をつければ、客単価は簡単に上げられる

成功しようと思ったら、好きな人に惚れろ

先ほど、「他人を喜ばせると、自分に返ってくる」というお話をしました。

相手を喜ばせることが、巡り巡って自分に返ってくることで幸せになれるという、他喜力の法則は、恋愛に置き換えて考えるとよくわかります。

いつも私は、「成功しようと思ったら、好きな人に惚れろ」と説いているのですが、それは、好きな人に惚れる能力と仕事に惚れる能力は一緒だからなのです。

昔から「英雄色を好む」という言葉があります。本気で好きな人に惚れたことのある人なら、相手を振り向かせるにはどうすべきか？　喜ばせるには何をすればよいか？　と思いを巡らせもんもんとした夜があったはずです。

いつもは使わない能力までフル回転させて、いかに相手を喜ばせて落とそうかということで頭はいっぱいになります。他喜力を発揮しないとハートを射止めることができないからです。

必然的に、その相手に喜んでもらおうとして他喜力がバンバン発揮されることになります。

結局、他喜力というのは「自分を喜ばせたいがゆえに必要なもの、絶対不可欠なもの」なのです。

この話をしていたら、ある女性が、知人の男性のことを話してくれました。その男性は、今は独立し、企業のクレーム対応コンサルタントとして成功しているそうなのですが、お客様相談室に配属された当初は、お客様の心がつかめず心身ともに疲れ果て、会社を休みがちだったといいます。

彼はそんな毎日に嫌気がさして、連日合コンに明け暮れていたそうです。そのうちもっと女性にもてたくなり、どうやったら女性が喜んでくれるのかを知るために、合コンでウケた会話や行動を毎回ノートにつけ始めたと言います。1年もたつと、おもしろいことに、本業のほうでもお客さんの心がつかめるようになり、クレームを的確に処理したことでリピーターがどんどん増え、会社の業績もぐんぐん上がっていったそうです。

商売というのは、お客さんと恋愛しているのと一緒です。

繁盛店がなぜ繁盛しているのかと言えば、お客さんに惚れて惚れて惚れまくり、あの手この手で振り向かせよう、好きになってもらおうと努力をした結果、それに応えてお客さんが振り向き、好きになり、何度もやってくるようになるからです。

結果的に、それで繁盛店オーナーになって大喜びする自分がいるわけです。

私が、新入社員研修で、よく「他喜力を高めたかったのなら、どんどん恋愛しなさい！」と言うのもそのためです。これを言うとみなさん大笑いしますが、けっしてジョークで言っているのではありません。

成功して幸せな人生を歩みたいと思ったら、若いうちは、とことん好きな人に惚れて、痛い目にあえ！　これにつきるのです。

ここまでのまとめ

◎好きな人に惚れる能力と仕事に惚れる能力は一緒

◎他喜力を高めたかったら、好きな人に惚れよ

●なでしこジャパンは「他喜力」の勝利！

東日本大震災が発生した2011年の7月、女子サッカー界の歴史が大きく変わりました。

日本代表チーム「なでしこジャパン」が世界の強豪を破ってワールドカップで優勝し、日本のみならず、世界中がわきたちました。

まさに奇跡とも言える偉業です。

しかし、大会終了後の、キャプテンである澤穂希《さわほまれ》選手の言葉を聞いたら、これは奇跡でもなんでもなく、勝つべくして勝った、つまり、当然の結果であることがわかります。

彼女は、優勝をきめたあとで、次のようなコメントを残しています。

――私たちがここでしているのは、ただサッカーの試合をすることではなく、それ以上の意味があることだと思っていました。

もし、私たちが優勝することで、震災で何かを失ったり、誰かを亡くしたり、自ら傷ついたりした人をひとりでも、一瞬でも慰めることができたなら、そのとき私たちは何か特別なことを成し遂げたといえます。

つらい時期を経て、それでみなさんに喜んでもらったり、みなさんを元気づけたりすることができたのなら、私たちがしてきたことは成功したといえるでしょう。

日本は傷つき、大勢の人たちの生活が脅かされています。私たちがそれを変えることはできませんが、それでも日本は復興に向かっています。今日の試合は、私たちが日本を代表し、けっしてあきらめない姿を示すチャンスでした。

優勝は私たちにとって夢のような出来事です。その喜びを日本のみなさんにも分かち合ってほしいと思います。

※出典「Japan pays tribute to tsunami victims, survivors」(by Martin Rogers「Yahoo! Sports」)より日本語訳

これこそ他喜力そのものです。しかも、とてつもなく大きな他喜力です。

澤選手の素晴らしいところは、この言葉が自然に本人の中から出てきているところで、これは、普段からこういうことを考えてプレーしていた証拠だと言えます。

ベテランとして日本の女子サッカーを引っ張ってきた彼女だからこそ、周囲の人たちへの他喜力というものがすでに身についていて、こうしたコメントが素直に出てきたのでしょう。

さらに、このときは、震災に見舞われた国の代表として、チーム全員にこの気持ちが共有されたことでチーム力を強化し、なでしこジャパンは世界の大舞台で見事に大輪の花を咲かせることができたのだと言えます。

技術のみでいけば勝ちはどちらにころぶかはわかりません。しかし、**最後の最後には、大きな他喜力をもったものに勝利の女神はほほ笑む**のです。

誰もが、天運100%で生まれてくる

幸運と成功の根源に「他喜力」があるということはおわかりいただけたと思います。では、ここで質問です。

世界一の他喜力人間は、誰でしょう？

長嶋茂雄さん？　なでしこジャパンのみなさん？　はたまたマザー・テレサ？　もしかして私？（そのようにおっしゃってくださったあなた、ありがとう！）

どれもハズレではないのですが、どうやら肝心な人を忘れているようです。

それは、あなた自身です

正確に言えば、赤ん坊のときのあなたであり、私たち全員です。

赤ん坊は無邪気そのもの、まさに天運１００％の状態で生まれてくるわけですが、その存在だけで周囲の人たちを幸せにしてしまいます。

赤ん坊が笑うと、ケンカばかりしていた夫婦も、おじいちゃんおばあちゃんも、みんながかわいいかわいいと言って笑顔になってしまいます。

当の赤ん坊は何もしてはいないのですが、とてつもない他喜力が発揮されているわけです。

そのため、赤ん坊は何もしなくても、いえ、やりたい放題自由奔放にやっていても、大切にされて生きていくことができます。これこそ他喜力のなせるわざです。

それがだんだん大きくなってくると、無邪気ではなくなり、自分の都合でものを判断するようになってきます。

自分にとってメリットがあるから大切にしたほうがいいとか、損得勘定の発想で生きるようになるので、せっかくの他喜力も消えてなくなってしまいます。

しかし、**生きていくうえでは、損得勘定を考える前に大切な人を喜ばせなければいけないと気づいた人たちは、家庭においても、組織においても、よい人的ネットワークをつくることができます。**

そのことに気づかない人たちにとっては、親や家族ほどうるさくて面倒な存在はないし、会社など、なんらかの組織に属していた場合にも、上司やトップ、同僚に対して同様な思いにかられることでしょう。

これでは、家族であって家族ではないし、協力し合うチームメイトであってそうではないという、バラバラの状態になってしまって、結局は自分も周りも立ちいかなくなってしまいます。

今のあなたが他喜力あふれる人間であるのかどうか、私にはわかりません。

ただ、**誰もが最初は、他喜力満点でツキと運に恵まれてこの世に生まれてきた**のだということだけは確信できます。思い出せないかもしれませんが、あなたは世界一の他喜力人間だったのです。

断言しましょう。他喜力というものを意識して生きていくなら、いつか再び天運というものを身につけて、最強の人間になれるということを。

ここまでのまとめ

◎すべての人は、潜在的に他喜力をもっている
◎他喜力は、実力を何倍にも大きくする
◎他喜力を意識したら、天運に恵まれ、最強の人間になれる

●イヤな人に「他喜力」を使わないと、マイナスを引き寄せる

多少イヤなことがあっても、仕事でお金がもらえるから、がんばってニコニコ対応する。ほとんどの人は、そのように割り切った考えで行動しています。

もし、お金がもらえなかったとしても、他人に何かを与え喜ばせたとしたらどうなるのでしょうか?

たしかにそのときには、なんらメリットを感じないかもしれません。

しかし、自分が発揮した他喜力は、絶対にあとでなんらかの形で自分に返ってきます。

それは、昇給かもしれないし、仕事以外でのことかもしれません。

いずれにしても、恐ろしいくらいにかならず返ってきます。

これはイヤな相手でも同じです。イヤな相手に他喜力を発揮して対応すると、相手の感情脳は「快」の状態になります。そのことを脳はかならず覚えていますから、何かの機会に、そのイヤな相手が自分のことを応援してくれるということが起こったりするのです。

また、同じように、自分のしたよいことは「快」の情報として、悪いことは「不快」な情報として脳に蓄積されていきます。すると脳は、自動的に「快」ならプラスの状況を、「不快」ならマイナスの状況を、自分自身に引き寄せ始めるのです。

つまり、イヤな相手に「他喜力」を発揮しなかったとすると、そのことが不快のイメージとして自分の脳に記憶され、どんどんマイナスのものを引き寄せていくわけです。

他喜力が低いうちは、メリットが感じられないことをするのはなんだか損をしている気がしてならないと思いますが、心配ありません。

今すぐには返ってこないかもしれませんが、いずれ人に与えた喜びは返ってきます。しかも、利息がついて戻ってくることも珍しいことではありません。

ここまでのまとめ

◎イヤな相手にも「他喜力」を使うと、自分にいいことが返ってくる

◎どんな場合でも、「他喜力」を使ったことは、プラスの情報として脳が記憶し、快の状態になる

◎脳をプラスの状態にしておくと、プラスのことを引き寄せる

図1　イヤな先輩から、仕事を押しつけられたとき

他喜力を使わないと……

◎先輩も自分もマイナスの情報として記憶する

⇒脳が「不快」の状態になる

⇒マイナスのものをどんどん引き寄せる

他喜力を使うと……

◎先輩はプラスの情報として記憶する

⇒先輩の脳は「快」の状態になる

⇒自分を嫌っていても、後日、会議で助けたくなる

⇒ツキがやってくる

◎人を喜ばせたことで、自分の脳も「快」の状態になる

⇒「快」になった脳は、
どんどんプラスの選択をするようになる

⇒ツキがやってくる

●「他喜力」がもたらす5つのすごい力

①「他喜力」は「人を動かす」

ある有名講師のウォーキング教室に参加してきたという女性が、「上手に歩くことができない人がいたのだけど、先生はその人のマズイところを一度も注意しなかったばかりか、褒めてばかり。にもかかわらず、最終的にその人の歩き方が様になっていたから不思議だ」ということを言っていました。

誰が見てもドカドカとガニ股で歩いているような人に、先生は、「素晴らしいどっしりとした歩き方でございます」と声をかけていたそうです。

まさに他喜力満点の先生です。これなら、どんなにガニ股でドカドカ歩いている人でも、希望を胸に楽しんでレッスンが続けられるはずです。

ですが、ここで多くの人は、「それはそうかもしれないけれど、じゃ、悪いところはどうやって直すの？」と思ってしまうことでしょう。

やはり、それも褒めて直すのです。

「これがダメ！」「ここをこうしなさい！」と言うのではなくて、あくまでも、「ああ、今のそれ、すごくいいです！」と褒めてあげて、「ここをこうやられるともっといいですよ」というようにアドバイスをするのです。

最初にウォーキングに関する基本的なことは教える必要がありますが、それがわかっていたのなら、あとは最高の気分でレッスンができるようにするだけです。これが本当に上手なコーチングで、これこそ他喜力ある人のなせるわざです。

コーチングの基本は、相手のいいところを引き出して認めてあげて、褒めて励ましてあげることです。このマニュアルどおりにやれば、誰でもコーチングはできるようになります。

しかし、マニュアルどおりにやっているのに、なぜか引っ張りだこになる人もいればまったくそうではないという人もいます。

なぜそのような違いが生まれるのかというと、コーチングを「仕事」として行なっているか、「作業」として行なっているかの違いがあるからです。

マニュアルどおりにコーチングを行なっていても、そこに相手を喜ばせるもの、つまり他喜力がなかったら、笑顔の「いらっしゃいませ」がないコーヒー店と一緒で、とくにそこでわざわざサービスを受けなくてもいいということになってしまいます。

実際、人気がある人、コーチングのプロ中のプロというのは、みなさん他喜力にあふれています。一緒にいるだけで楽しいし、会っているだけでワクワクしてきます。

あとでも詳しく述べますが、他喜力が高くなると、上手なコーチングと一緒で、人を喜びのうちに動かすことができるようになるのです。

前述の田中角栄さんは、人心掌握術に長けた人としても知られていますが、それこそ他喜力が高かったからです。官僚一人ひとりの出身地、出身校、誕生日などを覚えていて、気くばりを忘れなかったというエピソードなどは、まさにそれを物語るものでしょう。

②「他喜力」は「究極のアイデアを生む」

他喜力を磨いていくと、通常は気がつかないようなほんの些細《ささい》なことでも、人を喜ばせることができるようになります。

その結果、当然ながら、たとえばセールスパーソンの場合は、営業成績を上げることができます。実際に、トップセールスと呼ばれるような人は、間違いなくみなさん他喜力の高い人ばかりです。

他喜力というのは、相手を喜ばせることにいかに気づくことができるかという、「気づきの能力」なのです。

たとえば、旅行へ行ったとします。ほとんどの人は、クッキーだのまんじゅうだのをお土産に買います。それはそれでいいのですが、他喜力が高くなると、さらに相手が喜びそうなアイデアを思いつくものです。

たとえば、訪れた先で四つ葉のクローバーを探し、それを本に挟んでもって帰ってきて「はいこれ、旅行先でクローバーがたくさん生えていたから、君のことを思い出して、四つ葉のクローバーを探してきた」などと言ってプレゼントするわけです。旅行先で単におまんじゅうを買ってくるのと違って、そこには「ストーリー」があります。ものが人を喜ばせるのではありません。ストーリーが感動を生むわけです。

一般の人は、このようなことにはなかなか気がつかないものです。しかし、他喜力が高まると、こうしたアイデアがぽんぽん出てくるようになります。

「あの人はアイデアパーソンだ」と言われるような人は、最初からそういった資質があったわけではありません。人を一生懸命に喜ばせようと考えて生きてきた結果、そのようになっただけなのです。

そして、些細な喜ばせ方にまで神経がいくようになると、人は成功できるのです。

じつは、四つ葉のクローバーのプレゼントは、私の主宰する西田塾の勉強会で門下生たちと鹿児島へ行った際の、超愛妻家である私のエピソードです（笑）。

ちなみに、私が家内のために一生懸命草むらでクローバーを探していると、それを知った門下生たちが喜んで手伝ってくれました。他喜力はアイデアを生むばかりではなく、それを叶えるための支援も得られるということも補足しておきましょう。

③「他喜力」はすべての「ストレスをなくす」

他喜力のない人というのはおうおうにして、面倒な相手に親切にしてあげたら、さらに頼りにされ、面倒をかけられるのではないかと考えてしまうものです。

これは、他喜力を発揮したことがないからわからないだけで、本気でそれを発揮していったのなら、相手は逆にムリを言ってこなくなるものなのです。

プライベートでも仕事でも、イヤイヤながらに中途半端なサービス精神でやって、他喜力を発揮していないから、いつまでたっても面倒な思いをし続けることになるのです。

たとえば、普段からしっかり他喜力を使って人に接している人なら、相手が何かお願いをしてきた際、都合があってそれに応えられないときには、「ごめん、今回はできない」と、簡単に断ることができるようになります。

信頼されているので、「NO」を言っても「よっぽどの事情があるのだな」と快諾されるのです。

一方、「これ本当はやりたくないんだけど、やらないといろいろマズイよな」などと考え、いつも中途半端な対応をしながら生きている他喜力の低い人は、断りの理由をわざわざ申告する必要があります。結局、どちらも気分が悪くなるし、常にあれこれ言い訳を考えながら生きていかなければならないわけです。

多くの人は、このように、面倒を回避して生きているつもりが、逆に面倒を自ら背負い込んでいるという、笑うに笑えないことをして、どんどんストレスを増やしていっているのです。

他喜力は出し惜しみしないで発揮していったほうがずっとラクに生きることができるのです。

じつは、他喜力を発揮し続けていると、多少のムリも聞いてもらえるようになります。

そればかりか、たとえば夜中に電話を入れ、寝ていた人を起こして「近所で飲んでいるから今すぐ出てこいよ！」などと、じつにわがままなお願いを言っても聞いてもらえるようにもなるのです（！）。

このように、他喜力とは、相手を喜ばせることで、じつは自分が思いどおりに生きられるようになるというテクニックであり、自分のストレスをなくす究極の方法でもあるのです。

④「他喜力」は「欠点をなかったこと」にしてくれる

世の中に完璧な人間というのはひとりもいません。にもかかわらず、多くの人が、自分の欠点をクローズアップしてあれこれ思い悩んでいます。

己を知ることは大切なことですが、だからといって、知ってしまった自分の資質に悩んでいては本末転倒です。

もし私が今、自分のダメな点に焦点を当て、それを変えようとしたら、タバコは吸えなくなるし、お酒は飲めなくなるし……、ちょっと考えただけで、とても生きてはいけない心境になってしまいます。

ダメな部分、欠点は変えるべきだと多くの人は思っていますが、違います。変える必要はありません。そもそも、資質を変えることなど不可能なことなのです。

しかし、根本を変えなくても、技術によって見せ方を変えたのなら、問題点は簡単に解決してしまいます。

その技術こそが他喜力です。

他人を喜ばせることを続けていると、本来の長所がどんどん活《い》きてきて、欠点がだんだん目立たなくなっていきます。

もちろん、欠点は消えてなくなるわけではありませんが、長所にさんさんとスポットライトが当たり続けるので、欠点はほとんど認識されない状態になってしまうのです。

⑤「他喜力」があると「自分が大好き」になる

あなたは自分のことが好きでしょうか。

意外にも世の中には、自分自身のことが嫌いだという人が少なくありません。

このような人というのは、完璧な自分を目指しすぎなのです。

完璧な自分像を目指していくと、逆にイヤな自分ばかりが出てきてしまいます。

欠点ばかりに意識がいってしまうので、どうしてもそんなダメな自分を許せなくなってしまいます。そして、人に何か注意されたり指摘されたりすると、ダメの上塗りのような状況に陥り、傷ついてしまうのです。

この世には完璧な人間などいません。なろうと思ってもなれるものではありません。にもかかわらず、そこを懸命に目指しているのです。誤った努力をして苦しんでいるわけです。

しかし、どんなに自分のことが嫌いな人でも、誰もが完璧ではないということを認識し、他喜力を発揮して生きていくことで欠点が隠れると、必然的に自分自身を許せるようになります。

それどころか、人を喜ばせ続けている自分を「オレってなんていいヤツなんだろう」と思えるようにもなっていきます。

さらには、（自分の）欠点にすら惚れるようになってくるのです。

欠点に自信をもったら人は怖いものなしです。なぜなら、それが長所に転じてしまうからです。

私などは、ハゲを武器にして、若い頃からどれほど幸運を手にしてきたかしれません。

「ハゲの話をしていたら西田さんを思い出して……」と、仕事をもらったことさえあります。

それもこれも、他喜力の力を知り、実践し続けてきたおかげなのです。

図2　他喜力のもつ5つのすごい力

❶人を動かす

❷アイデアパーソンになる

❸ストレスがなくなる

❹欠点が許される

❺自分が大好きになる

成功したければ、パートナーにこそ「他喜力」を使え！

相手に対して他喜力を発揮すると、触発されたかのようにその相手も他喜力を発揮し始めます。

それにより、まったく他喜力のなかったイヤな人でも、おもしろいようによい人になっていくのです。

私はよく、「パートナーの反応は自分の潜在意識を映した鏡です」と、経営者の方々に言っているのですが、男性の場合はとくに、自分でも気づかない間に、一番身近な配偶者のことをまったく考えていなかったりします。

これは他喜力がまったく発揮されていない状態ですから、当然のように不機嫌なパートナーに悩まされるという状況に陥ってしまいます。そして、世の多くの人がこのことで悩んでいるのです。

「あんなヤツに今さら何を言っても始まらない！」と思っているかもしれませんが、相手は単に、あなたの接し方に反応しているにすぎません。つまり、あなたに他喜力が不足しているから、「他喜力がない」態度が返ってきているだけなのです。

ですから、**相手のことを思って他喜力を発揮していたら、相手は絶対に不機嫌にはならないし、責めてもきません。**保証しましょう。

相手の態度は自分の他喜力の度合いに応じて変化していることを心得、プラスの連鎖反応を起こすように行動していったのなら、かならず身の回りによい環境が生まれます。

●「他喜力」を使い出すと、おもしろくてクセになる

他喜力が習慣化していない人は、「(他喜力を)使ったら効果はあるのかもしれないけれども、なんだか面倒」ということをよく口にします。

また、「人を喜ばせるより、喜ばせてもらったほうが楽しいのでは?」と、考える人もいるかもしれませんが、残念ながら逆です。

実際に他喜力を意識してやり始めると、じつはこれほど楽しいものはありません。

相手を喜ばせようと考えてあれこれ仕掛けをしていくことは、子ども時分にタイムスリップして、相手をびっくりさせてやろうと、何かいたずらを仕掛けているかのようなワクワク感があるものです。

まんまと相手がその仕掛けにハマり、驚いている様子を目にしたのなら、その感動はとてつもなく大きなものになります。

他喜力の高い人というのは、そういったワクワクや感動に味をしめている人なのです。

もし、あなたが、ドラマや芝居好きな人だったとしたら、見ているより、自分が役者に

なって行動したほうが楽しいはずです。

人を笑わせることの好きな人は、自虐的なネタを提供してまで相手を笑わせようとするものですが、それで人が大爆笑したのなら、多少の自己犠牲などすっかり忘れ、「ラッキーストライク！」という心境になることでしょう。

他喜力もこれと同じで、どうやったら相手を感動させることができるだろうか、笑わせることできるだろうかと、あれこれ考えて行動し、それで相手に喜んでもらえたときには、まさに「してやったり！」の心境になれるものなのです。

一度この快感を味わってしまうと、次はどんなアイデアで人を喜ばせようかと考えるようになるので、自然に腕前も上がっていきます。

人を喜ばせることは、それ自体がとても楽しいことなのですが、先にも述べたとおり、その真価は「おもしろいように人を動かすことができるようになる」というところにあります。いわば、他者の心を操れるようになるわけです。

成功者が人を喜ばせることが好きで上手だというのは、この驚愕《きょうがく》の事実に気づいているからです。

ここまでのまとめ

◎成功しない人は、身内に他喜力を使っていない人が多い
◎イヤな態度をする相手がいたら、自分の他喜力が不足していると心得よ
◎他喜力はやり始めると、楽しくてやめられなくなる
◎上級者は、他喜力を使い、人を操る楽しさを見出《みいだ》している

●「他喜力長者」が守っている6つのオキテ

他喜力を使うことで、大成功をおさめている人たちには、じつは共通点があります。ここでは、そんな「他喜力長者」の人たちが守っているオキテを6つほどご紹介しましょう。

①出会いより、「帰り際」を大切にする

繁盛店には繁盛店になるべき理由があるものですが、それは何かと言えば、他喜力にほかなりません。

たとえば、飲食店であれば、閉店間際になっても帰らないお客さんというのは、一般的には厄介な存在なのですが、繁盛店ではそのようには考えません。

静岡県で人気の居酒屋を何軒もかかえる「有限会社岡《おか》むら浪漫《ろまん》」の代表である岡村佳明《おかむらよしあき》さんは、「なかなか帰らない人を一番大切にしろ」と社員さんたちに教えています。

閉店時間を過ぎてから居続けられても、売上にもなんにもならないわけですが、そのような人たちにこそ徹底してサービスをしろというわけです。まったくの自己犠牲のように

思えますが、この他喜力があとにかならず利息をつけて戻ってくるのです。

お客さん自身、時間を過ぎても居残っていることに多少の負い目を感じているので、そんなときに予想外のサービスがあると、意表を突かれ大感激するものです。また絶対に利用しようという気持ちになるのは必至でしょう。

とにかく彼は、「お客さんを気持ちよく帰らせる」ことを普段から徹底して意識していて、社員さんみんなでアイデアを出しあっては、あの手この手で実践しています。

通常は、「いらっしゃいませー！」と、お店に入ってくるお客さんにばかり気を遣っているものですが、繁盛店というのは、それ以上にお客さんの帰し方というものに気を遣っているのです。

「終わりよければすべてよし」という言葉がありますが、まさにそのとおりで、最後によい気分になれると、途中で何か気になることがあったとしてもそれは帳消しになり、最終的によいイメージしか残らなくなるものなのです。

彼のお店は、目立つ看板を出さなくてもどこも大繁盛です。一見、とても不思議なことに思えるのですが、こういった他喜力の実践があるのですから、不思議でもなんでもありません。当然の結果なのです。

②「お金を渡す側」も喜ばせる

ビジネスで成功するには、当然お客さんを喜ばせなければなりません。誰もがここまでは考えて行動するのですが、本当に優秀な人間というのはさらに、取引先の業者さんまで喜ばせようと考えて行動します。

たとえば、前述の岡村さんは、お酒や食材などの仕入れ先の人たちにも気遣いを欠かしません。常に、**お客さんのみならず、かかわるすべての人たちを喜ばせようと考え、行動している**のです。

仕入れ先の人も人間ですから、普段からよく接してくれる人には、いい品物を安く提供しようとするはずです。お得な情報をこっそり教えてくれるかもしれません。天災など、予想外の状況に陥ったとき、普段からいい感情をもっている店を優先してくれるということも考えられます。

ですが、通常、ここまで考えて行動する人というのはなかなかいません。ここまでやっている人というのは、かなりの経営者です。

昔から、「損して得とれ」という言葉がありますが、まさにそのとおりで、このような人にはどんどん運が向いてきます。

人を喜ばせているときというのは、経費などなんらかの負担がかかっているので、あきらかに損をしているのですが、その他喜力は巡り巡って自分のもとに返ってくるので、かならず得をすることになるわけです。

たくさんの人たちに他喜力を振りまいている岡村さんもまた、先人の残したこの言葉どおり、やはり繁盛店の経営者として大活躍しています。

③話す以上に、「聞くふり」がうまい

世の中には、自分の話をするのは好きだけれども、人の話を聞くのは好きではないという人が少なくありません。

これは、うまくいっている人も、そうでない人も、同じように感じていることです。しかし、対応の仕方が違っているのです。

もし、さほど自分に興味のない話をされたとしたら、一般の人たちは、仕方なしに耳を傾けてしまうので、上の空といった感じになるのですが、うまくいっている人というのはそのようにはなりません。

じつは、優秀な人間になればなるほど、人の言うことは聞かないものです。

それでも相手に不満をもたれずによい関係を保てるのは、「聞き上手」だからです。つまり、**人の言うことを聞くふりをする技術が巧み**だということです。

何か悩みごとを相談されたというような場合にはきちんと聞きますが、そうでない場合、たとえば、何か参考意見を言われたときなどは、ほとんど聞き上手のテクニックで聞いているふりをしているのです。

ためしに、仕事がデキる人に何かアドバイスめいたことを言ってみてください。そのときの様子を観察しているとわかると思いますが、「なるほど、そうだね！」「そっか、それいいねー！」といった、じつに気分のよい言葉が返ってくるものです。

そのじつ、あなたの言ったアドバイスを活用しているのかというと、意外にもそうではなかったりします。

話術に長けていれば成功できると思っている人がちまたには少なくありませんが、本当に成功してうまくいっている人というのは、このように、話す以上に聞き上手であることがほとんどなのです。

④三度の飯より、「サプライズ」が大好き

西田塾のOB会で、以前、とんでもないことが起こりました。

会合の最後の最後に、宝石商「株式会社アルビオンアート」の社長である有川一三《ありかわかずみ》さんから私に、ビッグなサプライズプレゼントがあったのです。

それは、ダイヤやエメラルドなど全部本物のジュエリーが埋め込まれた宝飾品で、世界的に有名なデザイナーにデザインさせたものでした。

そのジュエリーを彼は、ポーンとその場でプレゼントしてくれたのです!

私も驚きましたが、参加者全員がこれには仰天し、みんなパチパチ写真を撮っていました。

彼は、私を喜ばせたいという思いで、こうしたサプライズを考えついたわけですが、それにしても驚くべき他喜力です。本当に度肝を抜かれました。

成功してうまくいっている人には、こうした、サプライズプレゼントが大好きな人がとても多いものです。

昔からたくさんの人気番組を手掛けている、ある放送作家の方などは、誕生日のサプライズプレゼントに命をかけているといっても過言ではなく、「アシスタントの誕生日に、

その彼が復縁したがっていた元パートナーを探し出し、パーティー会場に連れてきて会わせてあげた」などと、とにかくあの手この手でみんなを喜ばせるそうです。

よくそのようなことを思いつくものだと、周りもただただ感心してしまうほどですが、その大きな他喜力が、数々の人気番組を生み出す彼のアイデアの源であり、競争の激しいテレビ業界で生き残っていける理由なのでしょう。

⑤接待は「自宅で」する

「うちは狭いから」とか「ちらかっているから」と言って、人を自宅へ招待することを敬遠する人が多いものですが、うまくいく人というのは逆で、自宅にお客さんを招くことが好きな人が多いものです。

日本では住宅事情の関係もあって、なかなか海外の人たちが行なうような大きなホームパーティーはできないのですが、それでも、できるかぎりの他喜力を使って自宅でおもてなしをしています。

もっとも、最近ではゲストルームを別に借りたり、マンションでもゲストルームやパーティーのできるサービスルームが併設されたところが多くあって、それを活用したりしている人も少なくないようです。それでもレストランに招かれるよりは、より他喜力を感じてもらえます。

私は今でもお酒が大好きなのですが、若い時分はさらに大好きでよく飲んでいましたから、気づけば深夜過ぎということもありました。

そうすると、一緒に飲んでいた仲間をよく自宅へ連れて帰って泊めていたものです。それで次の日に朝食をふるまうだけなのですが、このことがとても相手には喜ばれました。

日本で有数の大企業のトップになった人の娘さんに、お父さんのすごいところを聞いたところ、「家では普通の父でした。どちらかというと、いつも飲んだ帰りに部下をたくさん家に連れてきて、家族にとっては非常に迷惑な存在でした」と笑って答えていらっしゃいましたが、まさに、これこそ他喜力あふれたエピソードです。

人は家というプライベート空間に招かれると、その人に対してぐっと親近感を覚えるものなのです。このお父さんの部下は家に招かれることで、上司についていこう、もりたてていこうと思ったに違いありません。

この人といい関係を結びたいと思ったならば、レストランでごちそうするばかりではなく、自宅に招くことをおすすめします。

⑥「枯れた畑」にも種をまく

二流の人は、収穫の見込みのありそうなことに対してだけ、他喜力の種をまこうします。しかし、三流はそれすらもしません。

そのような人というのは、種もまかずに収穫だけはしようとするので、しまいには収穫できるもの自体がなくなってしまいます。

一流の人というのは、**収穫の見込みのありそうな畑はもちろん、枯れはてている畑にも他喜力の種をまきます。**

上手に他喜力を使い、その人を喜ばせることで、枯れた畑が豊かな畑になるように手助けをしているわけです。

大成功する人というのは、見返りを求めないでとにかくたくさんの種をまき続けていきます。

そうすると、常にどこかで実がなり、最終的にはかかえきれないほどの実を手にすることになるのです。

成功している人は、寄付の習慣のある人が多いものですが、それは成功してお金持ちになったからそのようなことをしているわけではありません。

意外に思われるかもしれませんが、成功する前から、さらには、お金に困っていたようなときから寄付の習慣があったという人が圧倒的なのです。

ここまでのまとめ

◎他喜力を使って成功している人には共通点がある
①出会いより、「帰り際」を大切にする
②「お金を渡す側」も喜ばせる
③話す以上に、「聞くふり」がうまい
④三度の飯より、「サプライズ」が大好き
⑤接待は「自宅で」する
⑥「枯れた畑」にも種をまく

第 2 章

「他喜力」は簡単に高められる

●「自分を好きになる」と他喜力はぐっとアップする

前章で、他喜力を実践し続けていると自分を好きになれると述べましたが、じつは、もともと自分が好きであれば、他喜力はスムーズに発揮できるものなのです。

そこで、自分がさほど好きでないためになかなか他喜力を発揮できない人に向けて、必殺技を2つほどご紹介しましょう。

①失敗しても反省するな!

自分のことがあまり好きではない人はどうしたらいいのかと言えば、まずは、「**自分のしたことは、常にベストだ**」**と思うクセをつけること**が重要です。

私が主宰する経営者の勉強会では、初代の創業社長に対し、「自分を神より偉いと思え」と教育するのですが、そのぐらい自分に惚れ込んでて自信をもっていないと、道なき道を切り拓《ひら》いていくことはできないのです。

実際に神より偉いと思うことはなかなか難しいことですが、そのじつ、そういった考えで進めていかなければ、なんらかの反対意見が出たときにゴタついてしまって、起業家は成功することができません。

他者の有益な意見を聞き入れなくなってしまう恐れがあると危惧する人もいるかもしれませんが、そもそも、Aさんが成功したモデルをBさんがやったからといって、かならずしも成功するとはかぎりません。

結局は、どんなときでも最後は自分できめた道を信じていくしかないのです。だとしたら、「神より偉い」と思って生きていくにかぎるのです。

ある意味、私たちは、一人ひとりが自分という会社の経営者なのです。豊かで幸せな未来を呼ぶのも呼ばないのも、自らの経営手腕にかかっていると言えます。

その過程において、慣れない他喜力を発揮したために、かえって人さまに迷惑をかけたり、ひんしゅくを買ったりするようなことがあったとしても、神より偉いとまではいかなくても、せめて、偉いお坊さんくらいであると思っていたのなら、「弘法《こうぼう》にも筆の誤り」ではありませんが、そんな自分を許すこともできるでしょう。

ときには、こちらがいくら他喜力で接していても、まったく無礼千万な輩《やから》と一緒に仕事をしていかなければならないこともあるものです。

そのような人にも腹を立てず、神のようなあたたかい目で「本当にありがとう、いつもがんばってくれて」と言えたのなら、我ながら自分はすごいヤツだと思えて、さらに自分のことが好きになるはずです。

イライラするようなことが起きたにもかかわらず、他喜力を発揮することができたなら、「普通の人はこんなこと言えないよな、それなのに私ってすごいよな、本当にできた人間だな」などと思ってみましょう。まさに、〝自分を好きになるゲーム〟だと思って対応していけばいいのです。これほどラクで楽しいことはありません。

外野の声などというのはどうでもいいのです。

大切なのは、いかに自分の感情をコントロールして他喜力を生み出し続けていくかということなのですから。

②すごい自分を演じればいい

どうしても自分自身をすごい人間だと思えない人はどうしたらいいのか？

そのような場合は、**すごい存在のイメージを浮かべ、その人ならどのような行動をとる**

かをイメージし、それを自分の行動にとり入れてみればいいのです。

無礼千万な輩と接しなければならないときには、すごい存在が述べるであろう「本当にありがとう、いつもがんばってくれて」という言葉を、「セリフ」として言えばいいのです。最初は、棒読みでもかまいません。そのうち板についてきます。

同じように、イヤな人に接するときでも笑顔で対応したり、自分の趣味には合わないものを「かわいい!」と言ったりしている人には、同じように「かわいい!」と言ってあげるなど、いわば、**俳優になったつもりですごい人を演じ、相手を喜ばせてあげる**のです。

自分にも相手にも嘘《うそ》をついているようで気が進まないという人もいますが、これは相手の期待に応えていることであり、つまり、他喜力を発揮しているのですから、いいことをするのに遠慮はいりません。

もし、世の中に他喜力がまったくなくなったとしたら、生まれたての赤ん坊を見た人はみなさん「あら、かわいい」ではなくて、「あら、おサルさんみたい」と言ってしまうことでしょう(!)。

しかし、実際には、「えっ、こんな顔? こりゃきっと将来苦労しますよ」などと思ったとしても、そのようなことは親御さんには言えないものです。もしそのようなことを言ってしまったとしたら、親御さんは傷ついてしまいます。

だから他喜力が必要なのです。

他人を喜ばせるのが嬉しいと思える自分を、最初は演技でもかまわないから実践していったのなら、絶対にそのようになります

するとは自分を本当にすごいと思えるようになり、そんな自分をかならず好きになるものなのです。

他喜力があると、周りが気にならなくなる

世の中には、たとえば上司に対し、「いや部長、すごいですね、最高ですね！」といった、相手を喜ばせる言葉を普段から躊躇《ちゅうちょ》なくかけられる人もいれば、逆に、そういった言動を軽々しく口に出さない人もいます。

軽々しい行動をとらない人というのは、そういった言動をゴマすり行為だと考えているからです。つまり、上司にゴマをすっている自分というものが、単に嘘つきというだけではなく、なんだかこずるい人間であるような感じがして許せないのです。

しかし、他喜力あふれる人というのはそのような自分も許し、周りがどう思うかなんて一切、気にせず、どんどん相手の喜ぶこと、喜ぶ言葉を与えていきます。

それがなぜかといったら、自らの本心を抑えてまでも、「いやー！　最高ですね！」「素晴らしいですねー！」と、一生懸命に人さまを笑顔にしようと尽力している自分という存在が大好きだからです。

だからこそ、相手が上司であっても、はたまた要領の悪い部下であったとしても、同じ

ように他喜力をもって接することができるのです。

必然的にそういう人の周囲には敵もいなくなっていきます。すると、無敵の存在である自分をさらに好きになるし、生きやすくもなるし、ますます他喜力が発揮されやすくもなります。

とことん自分を好きになれば、こうして、周囲も自分も笑顔で満ちあふれるという、プラスのスパイラルに乗って生きていくことができるようになるのです。

愛は「投資」だが、恋は「浪費」

恋と愛は、似ているようでまったく違います。

よく、「愛は心が真ん中にある真心で、恋は心が下にある下心」などと言われますが、愛は自己犠牲がともなう人間の崇高な心であり、恋は自己欲望がともなう人間の自我の心からくるもの。つまり、愛は覚悟！　恋は都合！　なのです。

愛には見返りを求めない心がありますが、恋には見返りを求める心があります。しかし、不思議なことに結果は、見返りを求めない愛が「投資」となり、見返りを求める恋は「浪費」となってしまいます。

ですから、見返りを求めない善意でありながら、かならず見返りがあるという他喜力とは、愛そのものだと言えます。

ところで、愛というものには2つの種類があります。人から愛される「受ける愛」と、人を愛する「与える愛」です。

人に愛を与えるには、相手のことを思う心がなければなりません。たとえば、親は、我が子のために己を犠牲にしてでもがんばるものですが、与える愛とはこのように、己のためではなく相手を思う積極的犠牲で成り立っています。

ですから、他喜力が旺盛な人というのは、積極的犠牲を受け入れることができ精神的に大人である人間なのです。

たとえば、レベルの低い部下にイライラしている人というのは、「なぜ、あいつはわかってくれないんだろう、こんなこともできないのだろう」という思いがあるからイライラついてしまうわけですが、それこそが「受ける愛」を欲している証拠であり、つまりは、「甘え」なのです。

デキの悪い部下には、期待するよりも、むしろ「(ここまではできるんだね)ありがとうね」と、他喜力という愛を発揮していれば、そのように思える自分がすごい人間だと思え、ますます自分を好きになっていくし、結果的にそれで生きやすくもなっていくのです。

人は「差別」ではなく「区別」して付き合う

もし、デキの悪い部下に対し、「こいつ、わかってくれない」と思って始終イライラしていたら、一番損害を被るのは自分自身です。相手のみならず、そんな自分に嫌気がさしてきてしまうからです。

赤ん坊と大人では接し方を変えるように、人も、差別はいけませんが、区別して付き合うことが必要なのです。

そのうえで、常にどのような人に対しても他喜力という「与える愛」をもって生きていけば、人にも好かれ、自分のことも好きになれるので、落ち込むということがなくなります。

その結果、がんばっているときの自分も好き、多少ダメな自分も好き、怠け者な自分も好き、真剣勝負に挑んでいる自分も好き、性格のよい自分も好き、性格の悪い自分も好き、と、すべてまるごとの自分が好きになってくるのです。

ところが、いつまでたっても「受ける愛」を求めて生きていたのなら、わかってもらいたいのにわかってもらえないことばかりで、しまいには、被害者意識までも抱くようになってしまいます。

もし、自分のことではなく、「与える愛」ばかりを考え、常に他喜力を発揮して生きていたら、自分のことで悩む時間はなくなるはずです。

他喜力を発揮して生きている人というのは、たとえば、お母さんをアッと喜ばせてやろうとか、お客さんにどうやったらおもしろがってもらえるか、などということばかり考えていつもワクワクしているので、落ち込みようがないわけです。

自分のこと以外を考えられない状態になり、うつうつと悩んでいる人というのは、常に心にまったく余裕がない状態ですから、いつもクヨクヨしているものです。

そんな人がひとたび「与える愛」を考え他喜力を発揮して生きていったなら、人に喜ばれ、そんな自分を好きになり、それでますます人に喜ばれることをしたくなってくるので、心の曇りはどんどん晴れていきます。

もし今、自分のことで悩みをかかえている人がいたら、まず人を喜ばせてみてください。驚くほど、晴れやかな気持ちになるはずです。

ダメな人間にこそ、価値がある

「2・6・2の理論」というものをご存じでしょうか？

統計上の組織論なのですが、これによれば、組織の中には上に優秀な人間が2割いて、中間に平均的な人間が6割いて、下に2割の、いわゆる、ダメ社員がいるといわれているのですが、おもしろいことに、下の2割をリストラして優秀な人材を入れても、また「2・6・2」の割合になってしまうのだそうです。

利益を追求する組織にとって、ダメな人間には存在価値がないように思われがちなのですが、「2・6・2の理論」で考えてみると、ダメな社員さんがいてくれるおかげで、優秀な社員さんが育つということが言えます。

これだけの大きな力というか、役割を担っているのですから、ダメな社員、存在価値のない人間というのは、本来ひとりもいないのです。

そもそも、優秀な人間にもダメなところはあるものです。人間は完璧ではないからおもしろいのです。

つけいるスキもなくなんでもかんでもキッチリしている人間と、多少スキのある人間がいたら、どちらがより多くの人に愛されることでしょう？

言うまでもなく、スキのある人間のほうが断然人には好かれることでしょう。ダメな人間というのは、ダメなのではなく、完璧さを欠いている人間、つまり、スキのある人間なのです。そして、それこそが魅力なのです。

そのように考えて生きていれば、堂々と他喜力も発揮できるようになるし、それを続けていることで、いずれダメな自分というものが本当に好きになって許せるようにもなるし、周りも許してくれるようになるものです。

ある女性は、若い頃、仕事があまりできなくて、いつも失敗ばかりしていたのですが、人を笑わせることが好きで、失敗談さえもネタにしてみんなを笑わせていたそうです。

ところが、一時期仕事で落ち込むことが重なり、さすがの彼女も辞めたほうがいいかもしれないと考え、上司にそのことを相談したといいます。すると上司は「いいから、みんなを笑わせに会社に来なさい」と言ったそうです。

たしかに、いつもドジばかりでけっして優秀な社員ではなかったのかもしれませんが、だからこそ、いろいろな意味で彼女は職場のムードメーカーとして重宝されていたのでしょう。

どんな人間にも価値はあるのです。価値ある自分を愛しましょう。

◉誰でも簡単にできる「他喜力の磨き方」

これまで、他喜力のすごい効力について述べてきましたが、ここで、初心者でもとっても簡単にできる「他喜力の磨き方」についてお話ししたいと思います。

①まずは、家族を喜ばせる

人を喜ばせたいという気持ちはあっても、「どうも的を射ないことをしてしまっているのではないかと不安になります」と言う人が少なくありません。

心配はいりません。そのような人は、まず、家族を喜ばせてみてください。**他喜力を養おうと思ったとき、一番やりやすくて効果絶大なのは、家族を喜ばせること**だからです。

日常の中で、たとえ小さくても、成功体験の積み重ねが大きな成功を導くように、家庭内での小さな他喜力の積み重ねもまた、大きな他喜力を生みます。それがビジネスであれば成功につながるし、個人の幸せにもつながっていくわけです。

しかも、家族への他喜力なら気兼ねなく発揮できるはずです。躊躇なくどんどん実践しましょう。

たとえば、仕事で帰宅が遅くなったパートナーにはねぎらいの声をかけてあげるとか、パートナーが美容室に行ってきたときには、それに気づいて声をかけるとか、そんなことでもいいのです。

どんなに些細なことであっても、確実に自分の中には他喜力として蓄積されていきます。男性の場合はとくに、パートナーを喜ばせることで、高い他喜力が身につきます。言い換えれば、パートナーをどのくらい喜ばせることができているかで、その男性の他喜力の高さを知ることもできるわけです。

ですから、パートナーの誕生日や結婚記念日には存分に他喜力を発揮しましょう。女性の場合はとかくこうした記念日等にはうるさいことが多いですが、パートナーが美容室に行ってきたことにも気づかない人でも、これならわかるはずです。

②あいさつは「一番手」を狙う

よかれと思ったことを実行する際、そこで躊躇していると、せっかくの他喜力も半減してしまうことがあります。

たとえば、会社を退職した元上司や同僚が、何かの機会に古巣にあいさつにくる、顔を出すということがありますが、このようなときには、いの一番に笑顔で駆けつけてあげましょう。

忙しいときだったとしても、あるいは、苦手な相手で、話すのがおっくうに思えても、過去の関係はどうあれ、思いのほか喜ばれることでしょう。

じつは、**真っ先に駆けつけたほうが、自分にも都合がいい**のです。

ひとたび相手に〝来てくれたことを喜んでいる自分〟というものをバッチリ印象づけたのなら、あとは遅れて駆けつけた人たちに任せ、早々にその場から退散したとしても効果絶大だからです。

これが、二番手三番手になると、インパクトが薄れるので、最初に駆けつけた人よりは喜んでもらえないし、その場を去るタイミングもなかなかつかめなくなったりします。まして遅れて行ったとしたのなら、せっかく駆けつけてあげたにもかかわらず、体裁だけ取り繕っている人、イヤイヤ来た人、冷たい人といった印象になってしまいます。まさに貧乏くじです。

もちろん、本当に仲のいい人で、人がいなくなってからゆっくり話をしたいなどという場合は別ですが、だとしても、最初に駆けつけるということは、相手を大感激させることに間違いありません。

思い立ったら即行動の心がけで、効率よく他喜力を発揮しましょう。

③「気」ではなく「喜」を遣う

人は誰もが、大人になれば気を遣いながら生きているものです。しかし、イヤイヤ気を遣ってしまい、疲れている人が少なくありません。

義務感だけで、まったく楽しくない状態で人に気を遣っている人は、当然ストレスにもなるし、そのようなことでは相手も楽しくありません。

人さまに気を遣う最高の状態とは、「気」ではなく「喜」を遣うことなのです。

たとえば、会社勤めをしている人など、よく部署内で、冠婚葬祭に際して仲間うちでお金を集めて贈るなどということをするものですが、このとき、義務感からお金を出す人、「ちょっともったいないな」と思いながらお金を出す人というのは、「気」を遣っている人です。

しかし、他喜力のある人は「気」ではなくて「喜」を遣いますから、そこに工夫が出てくるものです。

この話をしていたら「そういえば、同僚の出産祝いのために部内で贈り物をしたことがあったのですが、フランスに出張に行ったついでにフランス製のベビー服を贈った人がいました。贈られた同僚が感激して、職場に復帰したとき、あの人はすごいと話していて、そのことを知ったんですが……」という人がいましたが、これこそ「喜」遣いのできた人です。フランスという遠い地で、自分の子どものことを思い出してくれた。贈られた彼女がどれだけ嬉しかったか想像に難くありません。

仕事をしていくうえでも、義務感から「気」を遣って毎日働いている人は、仕事がおもしろくないばかりか、どんどん辛《つら》くなってしまいます。

しかし、同じ仕事でも、「喜」を遣ってやろうと思うと、いろいろな工夫が生まれ、仕事がどんどんおもしろくなってきます。

たしかに、他喜力を実践しようと思ったら、最初は、「気」を遣う、神経を遣うところから始まるわけですが、ひとたび相手に喜んでもらえる感動を味わうと、自然に「喜」を遣うということができるようになっていきます。そして、これがもっと優れていくと、「生《き》」を遣うというレベルに達します。混じりけのない心で「喜」を遣うということなのですが、ここまでくるともはや人間のレベルを超えた他喜力になってくるので、何をしてもありがたいと思ってもらえるし、自分もまた何をさせてもらってもありがたいという境地になります。

夢かまぼろしか、といった話に思えてしまうかもしれませんが、「喜」を遣って他喜力を積み重ねていけば、誰でもこの境地に到達できるのです。

④迷ったら、「高いほう」を選ぶ

誕生日プレゼントでもお中元、お歳暮でも、相手に何か贈り物をしようとしたときには、いつも予算オーバーになるものを選びましょう。

たとえば、お世話になった人にお歳暮を贈ろうとして、予算を3000円ときめてデパートに行ったとします。

ここでもし、3000円のものと3500円のものがあったとしたら、多少足は出てしまいますが、迷わず3500円のほうを選ぶべきです。

相手はどちらでも喜んでくれるかもしれません。ですが、他喜力を高めようと思ったら、多少のムリというか背伸びが必要です。筋肉を強くするためにすこし負荷のかかる筋トレが必要なのと同じです。それが、予算オーバー分の500円にあたるわけです。

たった500円の違いであっても、この**「ちょっとだけムリ」をして相手を喜ばせようとする行為には、想像以上に大きな効果がある**のです。

にもかかわらず、3000円の予算で2500円と3500円のものがあった場合、多くの人は2500円を選んでしまいます。それでは他喜力がアップしないばかりか、逆にマイナスのものを引き寄せることになってしまいます。

表面的には、「安くていいものが買えてよかった」と思えるかもしれませんが、脳はケチなことをしたことをちゃんと覚えています。人はごまかせても自分の脳はごまかせないのです。

せっかくいいことをしようとしているのに、かたや、たった500円をケチったことによって他喜力がガクッと下がり、かたや、たった500円を奮発することによって、他喜力が何倍にも大きくなったりするということが起きるわけです。

⑤サプライズは、分割ではなく、「一括」で

以前、こんな相談というか、愚痴をこぼした人がいます。

「親孝行をしようと思い、ものより現金のほうがいいかと、月々5万円を振り込むことにしたんですけど、親から電話がきて、いらないと断られたんです。相当頭にきました！」

とても仕事のできる、いわゆる社会的に成功している人だったのですが、どうも親に対しての他喜力は足りなかったようです。

親孝行したいというところまではとても素晴らしいのです。しかし、月々振り込みというのは、なんだか事務的でまったくサプライズがありません。生活に不安をもっている親御さんなら喜ばれるかもしれませんが、ゆとりをもって生活している親御さんの場合、「そんな必要はない」と言ってきても不思議はありません。

感動というのは深さと幅できまります。 喜びもまた感動のひとつですから同様のことが言えます。ですから、そこを分割にしてしまうと、感動はどうしても浅くて狭いものになってしまうのです。

どうせ同じお金をあげるのなら、もっと相手を喜ばせるやり方を考えるべきです。

この彼女の場合、月々5万円をあげたとしたら、1年間では60万円をあげることになります。それならば、リボ払いのようにチマチマ5万円ずつではなく、1年に1回ドーンと一気に「はい、お年玉」と言って60万円をあげたらいいのです。

月々5万円と、ドカンといっぺんに60万円では、あきらかにもらった瞬間の感動が違います。「きっとムリをしたのだろうな」とは思いながらも、そのじつ、そこが相手の心を打つのです。

この親御さんの場合は、生活にゆとりがあったわけですから、現金ではなく、ハワイ旅行をプレゼントしたほうが喜んだかもしれません。60万円を使って、最高のホテルのスイートルームに宿泊……といった一生の思い出になるような旅をプレゼントするのです。それこそ、産んでよかった、育ててよかったと感激してくれることでしょう。

なかには、喜んでお金を受けとっても、結局はあなたのために貯金などをして使わないでとっておく親もいるかもしれません。しかし、それはそれとして、もらって嬉しいという気持ちにはなんら変わりはありません。

他喜力とはサプライズの提供でもあります。

これからは、愛する人たちをどんどん驚かせてみましょう。もちろん、いい意味で、ですよ！

⑥「キススキカ」で始まる言葉を「1日3回」言う

「他喜力」を高めようと思ったら、一にも二にも実践あるのみです。

最初から大きなことをしようと思わなくても、できることから意識して行なってみましょう。

たとえば、1日3回は、意識して人を喜ばせる言葉をかけてあげるということでもいいでしょう。

「あれ！ 今日のワンピース素敵だね」とか「今日、きまってますね！」といった言葉をかけてあげるのです。

一般的に、男性と女性では、言われて嬉しい言葉がすこし違っているのですが、それは、次の「キス好きか（キススキカ）」という言葉で覚えておくと便利です（図3）。

また、喜ばせる相手を曜日ごとにきめて実践するというのもおすすめです。

たとえば、月曜日は会社がスタートする日だから会社の上司を喜ばせるとか、日曜日は休日だから家族を喜ばせるといった具合に、日替わりで具体的にやることをきめて意識して行なうと効果的です。

これを1年365日続けていたら、相当数の人を喜ばせることになります。さらに2年

図3　人を喜ばせる「キススキカ」の言葉

※一般的な例

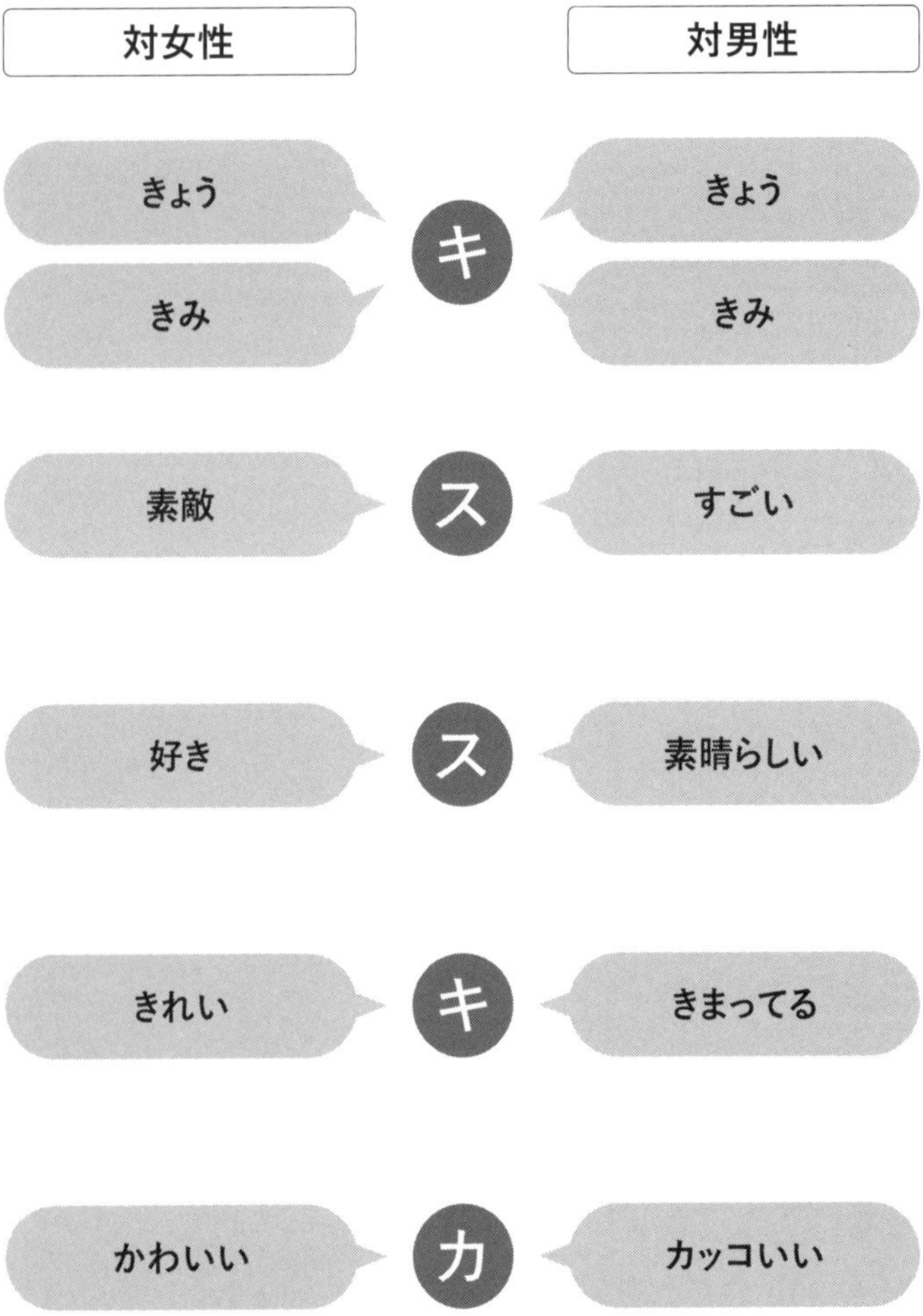

対女性		対男性
きょう	キ	きょう
きみ		きみ
素敵	ス	すごい
好き	ス	素晴らしい
きれい	キ	きまってる
かわいい	カ	カッコいい

3年と続けていったなら、確実に多くの人を喜ばせることになります。
それはやがて、大きな愛となってあなたのもとに返ってくることでしょう。

⑦3つの「くばり」を心がける

他喜力の高い人というのは、じつによく気遣いのできる、サービス精神旺盛な人なのですが、そのような人というのは、基本的に、次の3つの「くばり」をしっかりおさえているものです。

①目くばり（感知・観察）……ちゃんと他者を見てあげているか？
⇓相手の好きなことを観察する
②気くばり（実践）……相手を気分よくさせているか？
⇓相手の好みや喜ぶツボをおさえて発揮する
③心くばり（共有・共感）……相手の心がよい方向にいっているか？
⇓思いを共有する。教育する

この3つの「くばり」のうちのどれかひとつでも欠けていると、とくに、経営者、指導者、部下をもつ人というのは、うまくやっていくことができません。逆に言えば、**うまくいっていない人というのは、この3つのどれかが欠けているからうまくいっていない**のです。

たとえば、なかなか打ち解けられない部下を飲みに誘ったとします。優秀な経営者は、普段から部下を観察していますから、嗜好《しこう》に合いそうな店がわかるものです。そこでさりげなく部下の話を聞きながら、相手がどんなことに興味をもっているかを探ります。そして相手が興味をもちそうな話題を掘り下げて、相手を喜ばせます。最後に、思いを共有するわけですが、いくら教育といっても、説教がましくなっては、相手がつまらない思いをするだけです。上手に心くばりをしようと思ったら、おもしろおかしく話して説明するとか、実例を用いて話すなど工夫をしましょう。

経営者、指導者が、部下とうまくいっていないときは、とくに、心くばりができていないことが多いものです。これができていないと相手に甘くみられてしまいます。

大変なようですが、この3つの「くばり」を実践することで、相手を喜ばせているつもりが、じつは自分自身が一番救われることに気づくようになっていくはずです。

⑧相手がどの「購買層」にいるか意識する

個性は十人十色でなかなか把握できない部分がありますが、年収等によって分かれる価値観、そこからくる購入意識や特徴というのはおもに、4つに分かれるといわれています。

それは、次の4つの階層です。

◎スキミング層（5%）

代々伝わる大金持ちの人たちのことです。この層は高級品をお付き合いで購入するという特徴があり、どんなに高価な品物でも、お付き合いですから値切らずに購入します。

◎イノベーター層（15%）

いわゆる、自分一代でお金持ちになった人たちの層で、所得水準が高いのでどんどん高級品を購入します。ただし、この層は高級品を値切って購入する傾向があります。

◎フォロア層（35％）

いわゆる、中流階級です。積極的に高級品を求めているわけではないのですが、目新しくよい商品が出回った場合、イノベーター層よりひと足遅れで流行についていくという特徴があります。

◎ペネトレーション層（45％）

所得が低い層です。高級であることよりも、安価であることに価値をおいているのが特徴です。オマケにも目がありません。

これを「購入意識の4階層」といいます。他喜力を使う上で知っておくと有効ですので、ぜひ覚えておきましょう。

フォロア層の人たちは、景気がよくなると上のイノベーター層に引っ張られ、不景気になると下のペネトレーション層に引っ張られるという特徴があります。

世の中が不景気になると高級品が売れなくなるというのはそのためです。35％もいるフォロア層が下に引っ張られてしまうのです。

逆に言うと、不景気のときには、たとえば、同じ商品を50円引きで提供するとよく売れます。もしくは割引をしなくとも何かお客さんに喜んでもらえる〝オマケ〟をつけたら、それもやはり売れるものです。

たとえば、雑誌等でもよく見られる戦略的なやり方ですが、化粧ポーチなどのオマケをつけることが流行っています。不景気の時代にはじつに他喜力あふれるアイデアだと言えます。80％にものぼるペネトレーション層とそれに転じているフォロア層の人には、このサービスが喜ばれるのです。一方で、スキミング層やイノベーター層には響きません。オマケはむしろ余計なものだったりするからです。

それぞれの層によってポリシーが違うので、何をもって他喜力となるかも違ってくるわけです。

ところで、他喜力は自分に返ってくるものだと言いましたが、たとえば、何か高価なプレゼントを贈った場合、それ相応の額の見返りがあるかといえば、けっしてそうではありません。

スキミング層の人たちはお金に困っていないので、相手が本当に喜びそうなものをお金に糸目をつけずに返してきますが、イノベーター層以下の人たちからは相応のものが返ってこない場合もあります。イノベーター層の場合、所得水準自体は高いので、ある程度のものを手に入れることはできるのですが、その際、値切ることもあるなど、心がまだ経済的な豊かさと一致していません。そうした心の余裕のなさが、お返しの際にも反映されることがあります。

ただ、イノベーター層の場合は逆に、メリットを考えて、スキミング層には思いがけず大枚をはたくということもあります。しかし、フォロア層以下には出し渋ることがあり、この場合は、出し渋りをした時点で他喜力がダウンしてしまうので注意が必要です。

目先の損得勘定で動くことは要領のいいことに思えて、そのじつ、せっかく蓄えてきた他喜力を削《そ》ぐことになってしまうということを忘れてはいけません。

フォロア層やペネトレーション層の場合は所得水準の問題が大きいからか、何かを贈ってもほぼ返してきません。とくにペネトレーション層はそうです。人はお金がなくなると、心の余裕を奪われ、とにかく自分のことで精いっぱいという状態に陥ってしまうからです。

だからといって、そういう人たちに他喜力を使わないでいいかというと、そうではないことは前述のとおりです。ただし、どんなもので相手が喜ぶかは、属する「購入意識の階層」によって違ってくることを覚えておきましょう。

また、自分がどの層に存していても共通して言えるのですが、いつも他喜力をもってことにあたるというよい出力を続けていけば、おのずとセンスは磨かれてきます。極端な話、農家の人に季節の野菜を送ったり、青森県の人にリンゴをプレゼントしたりしていたようなトンチンカンな人でも、何度も心を込めて誰かを喜ばせていくうちに、だんだん相手を喜ばせる方法がわかってくるものです。

自分自身の他喜力向上のためにも、どんな人にも他喜力を使って接したいところです。

図4　他喜力を磨く8つの心がけ

❶まずは、家族を喜ばせる

❷あいさつは「一番手」を狙う

❸「気」ではなく「喜」を遣う

❹迷ったら、「高いほう」を選ぶ

❺サプライズは、分割ではなく、「一括」で

❻「キススキカ」で始まる言葉を「1日3回」言う

❼3つの「くばり」を心がける

❽相手がどの「購買層」にいるか意識する

簡単なことを〝ちゃんと〟やった人が成功する

以前、西田塾の塾生が、150人くらいで、名古屋《なごや》市内の街角やトイレの掃除をしたことがあります。

ボランティアといえばボランティアなのですが、これこそ他喜力養成トレーニングです。

トイレ掃除の素晴らしさを積極的に世の中に説いたのはイエローハット元社長の鍵山秀《かぎやまひで》三郎《さぶろう》さんですが、掃除を始めた当初は、社員さんがまったく手伝わなかったそうです。それでもくじけないで続けていたところ、あるときから社員さんも素直に掃除を手伝ってくれるようになったといいます。

その後、イエローハットの業績がグンとよくなったこともあり、トイレ掃除をするとツキ始めるとか運気がアップすると全国に広がっていったのですが、じつはこうしたことは、他喜力が高まったことで起きた現象なのです

一生懸命に掃除をしてトイレをきれいにするというのは、よい出力をしているわけです。たとえどんなに性格の悪い人間でも、よい出力を続けていくと、人を喜ばせることのでき

る他喜力人間になります。

もちろん、トイレ掃除以外でもかまいません。ほんの些細なことでもよいことを続けていけば他喜力はアップします。

しかし、世の中のほとんどの人というのは、意外にもそうした簡単なことをやっていないものです。

家族にねぎらいの言葉をかけるということもそうですが、そういった簡単なことができていないことで「うまくいかない」と言ってみんな悩んでいるのです。

成功者というのは、やるべきことをきちんとやっているから、成功しているだけなのです。

鍵山秀三郎さんはご自身で、「商才もリーダーシップもない平凡な自分が事業を続けてこられたのは、トイレ掃除をとおして誰にでもできることを、誰にもできないくらい、徹底して続けてきたからで、これ以外には理由が思いつかない」とおっしゃっています。

最初は意識してやっていた善行でも、それを続けていくと習慣になって、自然にできるようになります。

「自分は気がきかない」と思っているような人でも大丈夫です。やっていればおのずとできるようになっていくし、それにともない、身の回りにはよいことがたくさん起きてくるようにもなります。

●「他喜力」のない人は、他人を責めてしまう

他喜力のない人というのは、何かマズイことがあったときなど、人を責め始めるという特徴があります。

相手を責めるわけですから、相手が傷つくのはもちろんですが、ひいては自分を傷つけることにもなります。

昔から「人を呪わば穴二つ」といいますが、まさにそのとおりで、これは迷信でも魔法でもなく、脳のシステムによるものです。

相手を傷つけるようなひどい言葉を発したり、行なったりすると、それは一見、相手に訴えているようで、そのじつ、自分の脳内にもそのマイナス情報がしっかりインプットされてしまいます。その結果、自分自身の脳がダメージを受けることになるのです。

たとえば、パートナーに日常的に文句を言っているような人がいますが、この場合、文句を言われた相手は「そんなこと言わなくたっていいじゃない！」と、気分を悪くします。

しかし、そこで誰が一番損をするのかといえば、マイナスの出力をしたことによって自ら

の脳を傷つけてしまった自分自身です。

つまり、自分のうさを晴らしたいと思ってとっている行動が、まったく逆のことを招いているわけです。

ほとんどの人はこのことを知らないので、相手を責めたり、いじめをしたりするという行為をしてしまっているというのが現状です。

気分よく生きていきたい、幸せに生きていきたいと思ったら、言葉でも行動でもよい出力をするにかぎるのです。そして、よい出力をしようと思ったら、些細なことでもいいので、まずは意識しなければなりません。

ただし、意識して行動をしたとしても、最初からうまくいくとはかぎりません。むしろ、うまくいくほうが珍しいくらいです。なぜなら、習慣になっていないからです。

うまくはいかなくても、プラスの出力をし続けていけば、かならず習慣になって、うまくいくようになります。

企業によっては、ほとんど宣伝のためにボランティア活動をしているようなケースがありますが、それでもかまいません。企業でも人でも、最初は下心でよいことをしたとしても、ずっと続けているとそれが習慣になって、本物になっていくものだからです。

◎他喜力がないのは、親のせいではない

他喜力の話をすると、よく「自分に他喜力がないのは、そもそも他喜力のない親に育てられたからに違いない」と言う人がいますが、それは大きな勘違いです。

そもそも、母親が子どもを十月十日《とつきとおか》お腹《なか》の中に宿すということは、完全なる自己犠牲がなければできません。母親の自己犠牲があったから、私もあなたもこうしてこの世に存在しているのです。

つまり、妊娠して出産をするという自己犠牲そのものが、他喜力にあふれる行為なのです。

物心がついた頃から、いつも「こうしなさい、ああしなさい」と、文句ばかり言われていたように記憶しているかもしれませんが、母親に他喜力がなかったら、そもそもあなたは存在すらしていないのです。

あらためてそう考えてみたなら、「親に他喜力がないから自分も……」などという発言は出てくる余地もないはずです。

もし今、母親とうまくいってないという悩みをかかえている人がいたとしたら、このことについて感謝の言葉を口にしてみてください。お母さんの反応はよい方向に変わるはずです。

「お母さん、私がお腹の中にいたときどうだった？　十月十日も大変じゃなかった？」。そうあなたが聞いたら、お母さんは昔のことを思い出して、「お前はね、お腹にいるときにはよく暴れたりして元気のいい子だったんだよ、だからお母さん、大変だったけど楽しみにしていたんだよ」などと返してくることでしょう。

そしたら、「そのときの写真を見せてくれる？」と言って写真を一緒に見るのです。そこで「お母さんありがとう」とひと言いってごらんなさい、お母さんはもう泣いて喜びますから。

母親との関係改善はもちろん、他喜力抜群の人間になれますよ！

同じ泣かせるでも、その昔、やんちゃをして母親を泣かせてばかりいたという人もいることでしょう。

そのような人こそ、今度は他喜力いっぱいでお母さんを号泣させましょう。過去が過去だけに、その反動で、通常の人の倍は他喜力がアップすること間違いなしですよ！

●「他喜力」につながらない間違った自己犠牲

世の中には、ものすごく他人に尽くしているのに、「何か違うよね……」という印象を与える、本当の意味での他喜力に欠けている人というのがいます。

このような人に共通しているのは、間違った自己犠牲を発揮しているということです。かつて親に虐待を受けたことでトラウマをもっているような人に起こりがちなのですが、自分の存在意義が見出せないことから、他人からすこしでも表面的に優しくされたりすると、そこにのめり込んでいってしまうということがあります。

承認経験がないことで、人に求められること、認めてもらうことに過度に飢えているため、冷静に考えてみたら避けたほうがいいと思われる人や事柄に、なんら躊躇もなく身を投じているケースが少なくありません。

他喜力というのは、かならず自分にも喜びが返ってくるという特徴があります。しかし、このような場合はけっして自分に返ってくることはありません。

なぜなら、一見同じように自己犠牲を払っているようでも、それは、孤独からくるPT

SD（心的外傷後ストレス障害）であり、他喜力とはまったく異なるものだからです。

他喜力というのは、根底に相手を喜ばせようという思いがあります。

しかし、この場合は、寂しい自分を癒やしたいという要求になっているのです。表面的には大きな犠牲を払っているように見えるのですが、そのじつ、その自己犠牲は自分を喜ばせたいと欲する思いから起きる行動だということです。

繰り返しますが、他喜力はかならず自分に返ってきます。

もし、尽くしても尽くしてもまったく報われていないという、なんだかひと昔前の演歌の歌詞のような毎日を過ごしているという人がいたら、それは間違った自己犠牲であり、結局は自分を癒やしたいという目的にとらわれて生きているのかもしれません。

「あなたのために」が、じつは、「自分のために」なってはいないかを考えてみる必要があります。そのような人は、他喜力よりも、まず、このあとに述べる「喜感力《きかんりょく》」（118ページ）を磨くことをおすすめします。

奴隷の状態では、見返りはこない

相手を喜ばせようとしていることが、他喜力からくるものなのか、自分を喜ばせようという思いからくるものなのか、当の本人としてはなかなか判断がつかないこともあるかもしれません。

実際に世の中には、とくにトラウマをもっているわけでもないのに、「よかれと思って相手のためにやってあげても、あげっぱなしで全然返ってこない」と感じている人は少なくありません。

なぜそう感じてしまうのかというと、これは、わかりやすい表現で言えば、**心が奴隷になっている**からです。

また、過度に自分の承認欲求を満たしたいと欲することからくる行為は、おうおうにして心が奴隷になってしまうものです。

同じように相手を喜ばせようとしてする行為でも、心が奴隷になっている人がする行為には相手を喜ばせる力がありませんから、見返りはなくて当然なのです。

たとえば、ボランティアで行なう作業は、実際に仕事として行なったとしたら相応の対価がもらえるわけですが、それでも多くの人は、見返りを求めないでボランティアに没頭しています。

なぜこのようなことができてしまうのかというと、その行動をすることが楽しいと思えるからです。イメージするなら、そのときの自分が奴隷ではなくて、天使になっているからです。これこそが他喜力を生む基本のスタンスです。

なんらメリットを求めているわけではないと思っていても、そのじつ、天使の心で何かをしてあげた瞬間には、自分にもプラスアルファの何かがすでに返ってきています。

たしかにお金は入ってこないかもしれませんが、心の豊かさといったものを手にしているのです。だから理屈抜きで嬉しいと感じられるし、ワクワクもしてくるのです。

前述の長嶋さんがなぜ空振りの仕方までカッコよく見えるようにトレーニングしたかといったら、やはり心が天使だったからです。それがなかったら、通常のトレーニングをこなすところで終わるはずです。

今がんばっていることは、奴隷の心でイヤイヤ行なってはいませんか？　もしそうだとしたら、天使の心をとり戻し、ワクワクしながら本当の他喜力を発揮していきましょう。

全員にゴマをすると「ゴマすり人間」にならない

かつては、浮気は男の甲斐性《かいしょう》などと言われましたが、同じように浮気をしていても、人によっては、一本気すぎてすぐに浮気がバレてしまう人もいれば、二重の顔をもち、パートナーと浮気相手に嘘をつきとおし、関係を続けていける人もいます。

浮気される側としては、どちらも許しがたいことではあるのですが、一本気な人というのはもともと正直な性格のいい人間だったりするので、まだ救いようがあります。

それに対し、二重の顔をもつ、いわば二重人格タイプの人間というのは、嘘つきなわけですから、これは手に負えません。浮気が原因で離婚してしまうのは、ほぼこのタイプです。

離婚の原因はさておき、世の中には、同時に複数の相手と上手に付き合うことのできる、じつにマネジメント能力の高い（?）人間もいます。

このような人というのは、一本気でもなければ二重人格タイプでもない、多重人格タイプで、付き合う相手に合わせた対応が巧みです。言い換えるなら、相手の期待に応えてさまざまな対応のできる他喜力の高い人なのです。

多重人格というと、なんだかマイナスのイメージに捉えられてしまうかもしれませんが、すべての人にわかりやすく愛を説き、世界中の人から今なお愛され続けているイエス・キリストなどは、究極の多重人格タイプだと言えます。

キリストには到底及ばないにしても、付き合う人によって、優しく接したり、ちょっと厳しく接してみたり、頼ってみたり、頼られてみたり等々、その人の期待にそった対応が柔軟にできる人を目指すことはとても大切です。

人は、メリットのある相手、たとえば、上司には「〇〇部長、さすがですね」などとおべんちゃらを言うことはするのですが、メリットのない人にはまったくおかまいなしというところがあります。

残念ながらそれでは、「ゴマすり人間」などといった、嬉しくないレッテルを貼られてしまっても仕方ありません。

世の中には、このような残念な人がとても多いものです。

上司に他喜力を使って、相手が気持ちよくなるような言葉をかけることは、まったく問題はないし、むしろいいことで、どんどん続けるべきなのですが、問題は、普段から上司以外の人にも他喜力を使っているかどうか？　という点です。

ここをしっかりやったうえで、先ほどの言葉と同じことを上司に言ったのなら、周囲はその人のことを「ゴマすり人間」ではなく「できた人」と評価するのです。


あなたは、上司、同僚、部下をどのくらい喜ばせていますか？

家族や仲間、ご近所の人を喜ばせていますか？

取引先の人たちに対してはどうですか？


一方向だけでなく、自分の周りにいる人すべてに、３６０度の他喜力を使ってはじめて、「できた人」となるのです。中途半端はいけません。

あらゆるタイプのニーズに応えられるよう、いろいろな自分を発揮して、他喜力を楽しみましょう。

ここまでのまとめ

◎自分の寂しさのために使う優しさは、他喜力ではない

◎イヤイヤやらされている環境では、他喜力は発揮できない

◎メリットがある人にだけ他喜力を使っても意味がない。
全員に他喜力を使ってはじめて、他喜力は生きてくる

●自分自身を喜ばせると、どんどん成功する

他喜力のある人というのは、自他を問わず、喜びを感じる力が高いものです。だからこそ、他人を喜ばせる力もあるのですが、おそらく多くの人は、大人になって社会に出てからというもの、純粋に喜びを感じる力がなくなってしまっているのではないでしょうか。

じつは、この鈍りこそが、すべての喜びに対する滞りを生んでいるのです。

喜びに鈍感な状態では、他喜力を発揮しようにもなかなかうまくはいきません。この場合は、自分を喜ばせる力である「喜感力」を養うことがとても重要です。

ところで、弊社は静岡県島田市《しまだ》にあるのですが、静岡駅からだと在来線で約30分、さらに島田駅からは車で5～6分ほどの、風光明媚《ふうこうめいび》ではあっても、けっして交通の便がいいとは言えない場所にあります。

先日はイノシシがやってきて会社の庭にたくさんの穴を掘っていきました。普通は、ビジネスを続けていくにはじつに不利な立地です。

しかし、あえて私はこの場所を、少々ムリをしてでも手に入れました。

そこまでしてなぜ手に入れたかったかといえば、それこそ自分を喜ばせたかったからです。

小高い場所にある単なる原っぱだったその土地は、かつて、犬を連れた、家内と私の散歩コースでした。その場所につくと、家内と2人で寝ころがりながら空を眺めていたりしたものです。

本当に気持ちのいい場所で、ただそれだけの理由で、「絶対にこの場所に会社を建てよう!」と決意したのです。

もし私に「喜感力」がなかったとしたら、まさかこのような土地に会社を建てようなどとは思わなかったことでしょう。まさに、自分の感性を信じて買ったわけです。

無謀な話のように思えるかもしれませんが、こうした喜感力という感性がなければ、人に対しての喜びというのも想像できないし、提供もできないのです。

他喜力が足りないと感じている人は、自分自身を喜ばせることができているかを一度考えてみる必要があります。

もし、今現在、喜感力が足りない人でも大丈夫。誰にでもできる簡単な方法で、喜感力を養うことができます。

●喜感力を養う、3つの原則

①イヤなことは絶対しない

脳は、喜びを感じることを普段から行なっていないと、神経が麻痺《まひ》してきて、それが感じられなくなるという恐ろしい特徴があります。

ですから、最近、イケメンや美女を見てもまったくドキドキワクワクしなくなってきたという人は、よほど「喜感力」が薄れているのかもしれません⁉

喜感力を高めるには、まずはイヤなことはしないことです。

栄養面を考えてイヤなものをムリに食べている……なんてことはすぐにやめましょう。サプリメントも楽しく飲まなくてはいけません。

本当は会いたくないのだけれども、なんらかのメリットを提供してくれそうだからその人に会っているという場合もそうです。

行きたくないのに、お付き合いで仕方なく足を運んでいるサークルがあったら、それを辞めるとか、できるところからやってみればいいのです。

仕事をしていくうえで、ある程度の立場になっても、イヤな仕事まで全部自分で引き受けてがんばっている人がとても多くいますが、このような人は、間違いなく喜感力が低下していってしまいます。

新入社員ならば、仕事の基礎力をつけるために、苦手な仕事もしていかなくてはならないかもしれません。しかし、ある程度、経験を積んだ社会人ならば、イヤな仕事はほかの人にどんどんお願いすべきです。とくに、経営側の立場にいる人間であれば、自分の苦手な仕事は社員さんに遂行してもらうこともできるはずです。イヤなことはほかの人にお願いして、そのぶん得意なことでバンバン稼げばいい。

人は、仕事でもなんでも、イヤなことをイヤイヤ続けていると、イヤなことにどんどん慣れていってしまい、それが当たり前のことになってしまいます。

よく、大御所や一流といわれる人たちは、どんなにお金を積まれても「その仕事はお引き受けできません」と断ることがありますが、そのような人たちは、単にお金持ちだからだとか、わがままで「NO」と言っているのではありません。

他喜力を生み出す力である「喜感力」の重大さに気づいているからです。

自分を喜ばせるということは、一見、甘やかし行為のようでマイナスになってしまいそうなイメージがあるものですが、本当はとても大切なことなのです。

②ちょっとムリしていいものを買う

関西を拠点に住宅リフォームサービスを行なっているスペースアップ（株式会社CONY JAPAN）という会社があります。

今では全国28カ所に事業所をかかえ、年商約68億円という大きな会社ですが、設立時は資本金が300万円と、最初はごく普通の会社でした。

ただし、通常とはちょっと違うものがありました。それは、〝社長の椅子〟です。社長である小西正行《こにしまさゆき》さんがはじめて社長室をつくったとき、当時の事務所の家賃は16万円だったそうですが、それをはるかに超える45万円もする椅子を購入したのです。

じつは、以前から彼には、「絶対にこの椅子に座れる社長になる」という思いがあったのですが、社長室をつくった際、奮発してとうとう購入したのでした。

もちろん今でも彼はそこに座り続けています。そして、その後の活躍はすでに述べたとおりです。

少ない資本金の中から、椅子ごときにそれほどのお金をかけるというのは、通常なら正気の沙汰ではないように思えてしまうことでしょう。

しかし、彼が成功し続けている理由を考えると、この椅子の存在を外すことはできません。

はたして、高価な椅子を手に入れることで、何が起きたというのでしょうか？

これは、どのような人にも共通しているのですが、ムリをしてちょっといいものを購入すると、仕事に対するモチベーションが高まり、それをどうにかペイ（支払い）しようとして、自動的にあらゆる可能性を探し始めます。

購入するときには、返済計画だとか、回収計画は考えてはいなくても、脳が自動検索を始め、解決方法を引き寄せるわけです。

とくに女性には効果的ですから、女性のみなさんは、自分へのご褒美を大奮発しましょう！

このやり方の素晴らしいところは、そのちょっとムリして買った品物のみならず、そのくらいのものなら普段から購入できるという状況、つまり、ワンランク上の生活レベルごと引き寄せてしまうという点です。

ですから、もし今のあなたが、常にカツカツで生活をしているような人だったとしても、ちょっとムリをしていいものを買うべきなのです。

そうすることで、状態がだんだんよくなってきて、いつしかそれが当たり前になってくるのですが、ここで再び、今の自分には贅沢《ぜいたく》だと思われるような、ちょっといいものをまたムリをして買えばいいのです。

「いずれ買えるようになったら、買おう」という人は、いつまでたってもそれが買えるレベルの人間にはなりません。

人は「当たり前基準」で生きているものですが、それを高めるためには、このようにして、ちょっといいものを買うということで、自分自身を喜ばせることがとても大切なのです。

ただしこれは、モチベーションを高めるためのやり方ですから、仕事も何もしない人がちょっといいものを買ってもほとんど意味はありません。それればかりか、借金地獄にまっしぐらということにもなりかねませんから、どうぞお間違えのないように（！）。

③成功する前に「環境のいいところ」に住む

成功する人というのは、自分が心地よくなれる環境に対しては、金に糸目をつけないところがあります。

一般的には、自分の所得に見合った場所に土地を買って家を建てたり、賃貸したりするなら、それ相応のところを選ぶものです。

しかし、前項の「ちょっとムリをしていいものを買う」ことと同様、給料がアップしたら今より環境のいいマンションに引っ越そうと思っている人なら、先にその環境のいいマンションに住んでしまったほうがいいのです。

ちょっとムリをしてでも自分がイキイキと過ごせるところに住むことは、喜感力を高めるうえではとても大切なことだからです。

数年前にベストセラー本を著したある研究者は、目の前に公園の広がる環境のいいマンションを仕事場として購入しました。

緑に囲まれた、南側の角部屋最上階という、このうえないいい条件のマンションではありましたが、やはり価格もなかなかいい値段。しかし、これほど自分の理想にピッタリの環境のいいマンションとはもう出会えないかもしれないというので、思い切って購入することにしたのだそうです。

そして、マンションを契約してから間もなく、後に大ベストセラーとなる本が出版されたのでした。

「運はあとからついてくる」とはまさにこのこと。喜感力が高まって他喜力がレベルアップすれば、彼のように、運がいいと思えることが次々に起きてくるのです。

ずっと身をおく場所だからこそ、多少予算オーバーになったとしても、理想に近い環境を手に入れることをおすすめします。

図5　喜感力を養う、3つの原則

❶イヤなことは絶対しない

❷ちょっとムリしていいものを買う

❸成功する前に「環境のいいところ」に住む

第 3 章

「他喜力」を磨くと、大きなツキがやってくる

◉人は5段階のレベルに分かれている

努力することは大切なことです。

古今東西、努力なしに成功した人間はいません。単なるラッキーで成功したように見える人でも、そこに至るまでには、さまざまな努力があるものです。

不思議なことに、自分なりに一生懸命に努力を続けているのに、目標を達成できないとか、ツキが巡ってこないという人がいます。

そのような人というのは、努力の方向性が違っているのかもしれないし、そもそも、努力とは呼べないほどの努力しかしていないのかもしれません。

じつは、**努力には、やっていい努力とやってはいけない努力があるのです。**

そしてそれは、人の成長の段階に合わせて違っているのです。

人は次の5つのステップを経て、成長していきます。

①無力（何もできない人）

②有力（世の中に通用するなんらかのスキルをもっている人）
③成功（多くの人から支持され、経済的にも恵まれている人）
④強運（大御所、超一流といった不動の地位にいる人）
⑤天運（この世の成功をすべておさめた人）

どんな成功者でも、最初はみんな「無力」の状態にいます。

このとき、力をつけようと思ったのなら、やはり努力が必要です。

ここでの努力を惜しんでいると、いつまでたっても「有力」にはならないし、当然ながら夢を叶えて成功することもできません。

しかし、どんな人でも、努力をしたら絶対に力をつけることができます。「無力」から「有力」の人間にレベルアップできるのです。

実力をつけて「有力」になったら、いよいよ「成功」へのカウントダウンが始まるのですが、ここまできて立ち往生する人がいます。力はあるので成功者と同じレベルの仕事がこなせるのですが、それがなかなか評価されず、報われない状況でいるわけです。

残念ながら、世の中には、このような人がごまんといます。器用貧乏などと呼ばれる人がこれで、言うまでもなく、まったくツイていない状態です。

では、有力レベルから成功レベルに上がるにはどうしたらいいのか？

そうです。ツイている人間になればいいのです！

じつは、「有力」の段階で立ち往生している人というのは、ツキを身につけるための行動をしなければならないのに、無力時代と同じように、ひたすら努力を続けてしまっているのです。

「有力」になったのですから、それはムダ以外の何ものでもありません。ムダというより、わざわざ苦労を積み重ねるための努力をしているも同然です。これではいつまでたっても経済的にも心にも余裕が生まれません。ストレスフルな日々に耐えられなくなってしまう人もいることでしょう。

ここからは、努力は努力でも、ツキのある人間になるための努力、ツキを呼ぶための努力をしなければならないのです。これは、ビジネスでもスポーツでも、あらゆるジャンルに共通しています。

そのため、このレベルからは、絶対的に他喜力が必要になります。

「有力」な人間が他喜力を磨いてツキを身につけたのなら、これはかならず「成功」します。

ところで、多くの人は、「成功」することが最終ゴールだと思っているのですが、じつはそうではありません。

「成功」しても、そこからドスンと落ちてしまうとか、いわゆる、一発屋で終わるということがあるからです。ここではまだ、「成功」のドアを開け、そのステージにほんの一歩足を踏み入れた状態にすぎません。

ツキを維持して不動の地位を築いていくためには、つまり、「成功」というステージに君臨し続けるためには、「強運」な人間にならなければいけません。

では、「強運」な人間になるためにはどうするか？

それには、責任を果たすことが必要です。これにより、単なるツキが「強運」に進化していくのです。

しかし、ここもまだゴールではありません。

人が本当の成功、幸せを手に入れようとしたら、感謝の心をもって使命を果たしていくことが必要になるからです。最終的に、強運までできた人間というのは、誰もがその境地を求めずにはいられなくなります。

その境地こそ「天運」のレベルであり、もはや人間としての欲得を超えた、究極の欲望を満たす世界です。

人間として生まれてきたからには、ぜひこの「天運」レベルまで目指して生きていってほしいと思います。

凡人は「守るべき約束」を間違えている

他喜力とは「人を喜ばせる力」ではあるのですが、じつは、その本質に何があるかといえば、自らの承認欲求を満たそうとする目的があります。人に認めてもらいたいからこそ、人を喜ばせようとする行為につながっていくわけです。

これが一番わかりやすいのは、子どもの行動パターンです。

子どもがなぜ一生懸命に勉強をしたり、お手伝いをしたりするのかといったら、親に褒めてもらいたいからです。

褒められるということは、大いに承認してもらえるということにほかなりません。そして、そのことが結局、親を喜ばせることにもつながっているわけです。

ちなみに、だんだん勉強が難しくなり、親からも褒めてもらえなくなってくる、つまり、承認してもらえなくなると、「勉強なんて、もうどうでもいいや」と考えるようになります。これが勉強をしなくなる子どものパターンです。

人はやがて成長し、学校を卒業して社会に出ると、今度は、上司に褒めてもらいたいという承認欲求が出てきます。逆に言えば、その組織の中にひとりでも認めてもらいたいという上司がいたとしたら、その上司に喜んでもらおうと奮起するのです。

そして、そうやって一生懸命にがんばっていると、今度は、その上司だけではなくて、取引先や関連会社の人からも褒めてもらえるようになるというプラスの連鎖が生まれていきます。

うまくいく人というのは、このように、承認されたいという欲求を満たすことで他喜力を発揮していって最後には成功し、強運をおさめ、天運に目覚めるという道をたどるのです。

それぞれの段階には、承認欲求を満たすために必要な果たすべき約束事があります。

無力の人間なら、「自分との約束」を果たさなければなりません。

無力の段階から脱出したいと願うのなら、それを目指して懸命に努力することが何より大切です。にもかかわらず、自分との約束を破り、他人との約束ばかりを気にしているのが凡人です。

このレベルの人は、まずは「何がなんでも力をつけて有力になろう!」という「自分との約束」を達成することから始めます。

無力から脱出して**有力になったら、今度は「他人との約束」を果たさなければなりません。**

人から期待され、それに応えることができたら、これは当然にツキも巡ってきます。また、期待されて承認してもらいたいからこそ、他喜力を発揮して相手とかかわることも生きてくるのです。

能力のある人は、この約束事に気づいて行動を起こすのですが、先にも述べた器用貧乏な人というのは、これに気づいていないのです。

他人との約束を果たして**成功した人は、今度は「社会との約束」を果たすこと**が必要になります。それを果たしたときに人は、強運というゆるぎない成功を手にすることができるのです。

しかし、それにより今度は、より多くの人たちへの責任が発生し、それに応えることが必要になります。大きなプレッシャーではありますが、ここを乗り越えたところに、天運があるのです。

そして最終的には、「天との約束」を果たすことが必要になります。与えられた使命を果たしてはじめて、人間は天命をまっとうしたと言えるのです。

図6　成長の5ステップ

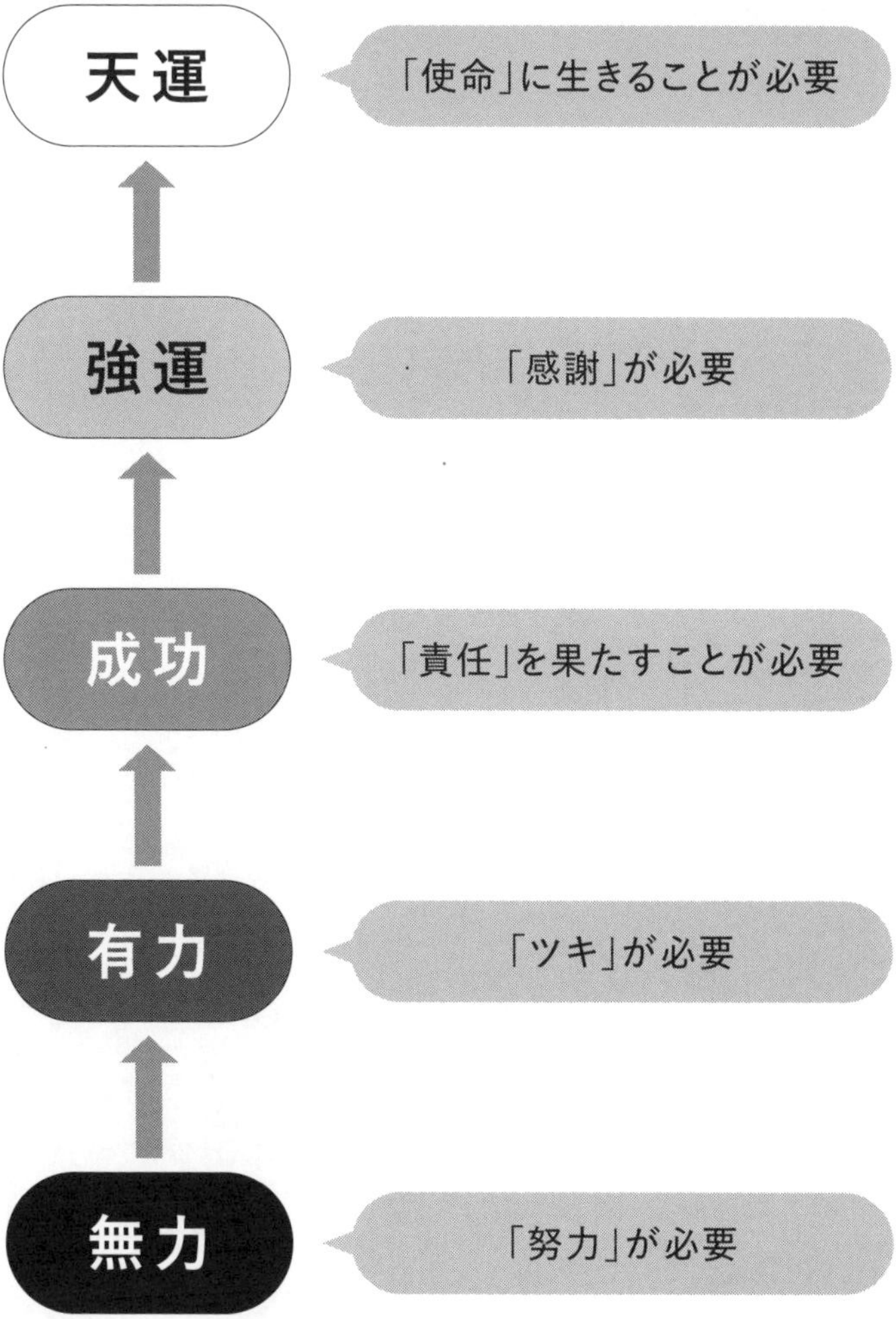
天運
「使命」に生きることが必要
強運
「感謝」が必要
成功
「責任」を果たすことが必要
有力
「ツキ」が必要
無力
「努力」が必要

●見栄っ張りはOK。開き直りはNG

承認欲求には、「素直な承認欲求」と、「見栄《みえ》の承認欲求」の2種類があります。

素直な承認欲求とは、たとえば、自分の実力や、仕事の成果等を認めさせたい、認めてもらいたいという実力勝負の欲求です。

見栄の承認欲求は、いわゆる、いいカッコしいの欲求で、たとえば、国産車でもいいところ、社長になってベンツに乗るようになったりするというものです。

ベンツの次はジャガーに乗りたくなって、さらには、クルーザーが欲しくなって、というふうになっていくのですが、こういった見栄の承認欲求でも、うまく活用していくと、素直な承認欲求と同じように、大きな力になります。

一般的に、見栄っ張りはマイナスのイメージに受けとめられがちですが、たとえば、女性がなぜ化粧をするのかといったら、それこそ見栄があるからです。私の家内など、たとえば、近所に行くくらいなら化粧をしていく必要もないと思うのですが、それでもちゃんとして出かけます。

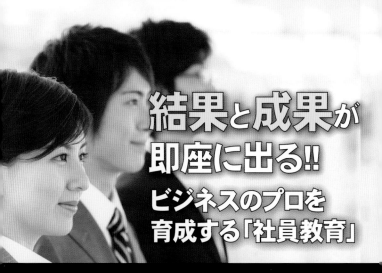

私には不可解にさえ思えるのですが、本人としては見栄の承認欲求でいっぱいなのです。

しかし、これが大切なのです。

素直でも見栄でも、人間は承認欲求がなくなると、他喜力も何もない、ただの間抜け人間になってしまうからです。

たとえば、あなたが女性だとして、近所のコンビニにスッピンで出かけたとき、知り合いにバッタリ会って恥ずかしい思いをしたとします。じつはこのとき、（恥をかくことで）承認欲求がグンと高まるということが起きます。

ですから、たまに恥をかくことはいいことなのです。

しかし、たまにではなく、たびたび恥をかき続けるというのは問題です。

開き直りの精神になってしまうからです。開き直るということは、承認欲求がなくなるということです。

たとえ見栄の承認欲求であったとしても、そこはやはり利用すべきなのです。

成長レベルに応じて、やるべきことが変わってくる

無力レベルのあなたへ
「努力」が必要です

世の中で活躍していくにはまだ力が十分ではない人がこのレベルです。

たとえば、学校を出てすぐの新入社員さんや、若手社員さんなどがこれに該当します。

芸能、芸術の世界では、見習いと称されるレベルです。

年齢は関係ありません。若い人でも、たとえば石川遼《いしかわりょう》選手のようにプロとして大活躍している人もいますが、このような人はすでに子どもの頃から努力をしているので、やはりそれに見合った力があるわけです。

逆に、努力なしで生きていると、どんなに年齢は高くなっても無力レベルのままなので、社会では通用しません。

ビジネスでもスポーツでも、とにかくどんなジャンルであっても、まずは力を蓄えて有

力レベルになる必要があります。

人の3倍考え、人の3倍勉強し、人の3倍努力しろ

第2章で「喜感力」の大切さを述べましたが、無力の人が喜感力を高めることにだけ力を注いでいたら、いつまでたっても有力にはなれません。

言うまでもなく、新入社員が「イヤな仕事だからしません」と言っていたのでは、まったく他喜力ゼロだし、何より、仕事をしていくうえでの知識や知恵をみすみす放棄しているわけですから、いつまでたっても使い物にはなりません。

無力の人間は、無力ゆえ、常に誰かに支配されて生きていかなければなりません。

そのため、意見を受け入れてもらえなかったり、やりたい仕事ができなかったり、欲しいだけのお金がもらえなかったり等々、何かと不自由と我慢が強いられます。

このような状態からは、一刻も早く脱出すべきなのです。

その脱出方法はただひとつ、「努力」です。とにかく、有力になるための努力を徹底して行なわなければなりません。

また、努力はひとりでもできることですから、早く仕上げてしまうにかぎります。

「若いうちの苦労は買ってでもしろ」というのは、不自由だらけの無力のステージから早く脱出したほうがいいという先人からのありがたいアドバイスなのです。

まずは、無力から脱出すべく、力をつけるという約束を自分と締結し、その約束を守るべく尽力しましょう。

最初から能力のある人というのはひとりもいません。よく「あの人はもともと優秀だから」と言う人がいますが、じつは違います。やはり最初は努力によって力をつけているのです。

自分の不運を一生懸命に世の中や周囲の人間のせいにしていても、無力の人生から脱出することはできません。一生懸命に文句を言っているのかもしれませんが、それはまったく誤った努力です。しかし、世の中には、このような間違った努力をしている人がごまんといます。

とくに入社して間もない若い人たちは、正しい努力をして早く周りから期待してもらえる有力な人間になってください。

セミナー等で私は、「人の3倍考え、人の3倍勉強し、人の3倍努力しろ」と言っています。本当は睡眠時間も人の3分の1にしてもらいたいのですが、それだと厳しすぎるとの声が出ましたので、ここは2分の1でいいでしょう。しかし、そのくらいの思いで努力することが大切なのです。

では、どうやったら努力をし続けられるのでしょうか。

「努力イコール苦しい」というように、ほとんどの人は努力にマイナスのイメージを抱いているのですが、ここが根本的に違っているのです。

勉強でも仕事でもスポーツでも、「面倒だな」「イヤだな」と思って努力、練習する人と、「親を喜ばせてやるぞ！」「すごいって褒めてもらうぞ！」と思ってやる人では、あきらかに後者のほうが効率よく努力できます。

努力というのは自分のためにすることではあるのですが、そのじつ、そんな自分に活力を与えてくれるものもまた、人を喜ばせる力「他喜力」なのです。

石の上にも三年といいます。ともかく、無力の人は、一にも二にも努力を続けてください。ソファーの上に三年ではありませんよ！

「理不尽なこと」にチャンスがある

弊社の面接試験で私は、かならず質問することがあります。

「私の苦手な仕事を快く引き受けてもらえますか?」

もちろん、ここで「NO」と答えた方は不採用です。

採用側の立場である私にはとても都合のいい話ですが、相手にとっては、けっしてそうではありません。

しかし、無力であるうちは、どんなに理不尽に思えても、「NO」と思ったらそれまでなのです。

今では社員さんに苦手な仕事をおまかせしている私ですが、やはり無力だった若い時分には、苦手も得意も好き嫌いも関係なく、がむしゃらに仕事をしていました。

早く無力から脱出して成功したいと思っていたので、とにかくさまざまな知識や知恵を吸収すべく、努力をしていたのです。

人は、本気を出して真剣に目の前の仕事に取り組んでいけば、最終的には好きな仕事だけができる状況になるものです。

にもかかわらず、無力のレベルにいる多くの人たちは、仕事に取り組む前から、苦手だとかイヤだからといって、それを回避してしまいます。

目の前にきた仕事は、あれこれ考え込まずに、まずはなんでもやってみることです。たとえ苦手だと思われるようなことでも、がむしゃらにやっていけば、経験値が高くなり、抵抗力もついてきます。そして、その経験値と抵抗力でもって一山《ひとやま》越えたときに、好きなことができるようになっているのです。

つまり、ここまできてやっと、第2章で述べた「イヤなことはしない」という「喜感力」も必要になってくるということです。

じつは、真剣にのめり込んでやっていくと、苦手だと思っていたことが意外にも得意だったり、イヤだと思っていたことが本当は好きだったりという、思わぬ発見をすることが多々あります。

にもかかわらず、本当にイヤなことなのかどうかもわからない状態で「イヤなことはしない」と言ってこれを避けていたらどうなることでしょう。言うまでもなくそれは、みすみす自分の才能の芽を自らつぶしてしまっているも同然でしょう。

大切なことなので繰り返しますが、今一生懸命にイヤなことや苦手なことをひとつひとつクリアしていけば、将来、あなたが本当にやりたいことにかならずぶち当たるようになっているのです。

無力だったときの私は、人の3分の1の睡眠時間で、イヤなこと苦手なことも含めて、人の3倍以上は努力をしていました。

大変な努力家ゆえでしょうか？　いえ、まったくその逆です。

努力をし続けることが大嫌いだったからこそ、無力時代の課題をスピーディーにクリアしていただけなのです。

無力な人の手助けは欲しくない

無力であるにもかかわらず、有力であると勘違いして、他人を心配して施しをしている親切（？）な人が世の中にはたくさんいます。

人を喜ばせることはとても大切なことなのですが、本当に人を喜ばせたいと思うのなら、それ相当の力をもっていて当然なのですが、どうもそうではない人が少なくないのです。

先日、「ご近所の方が、本を出したというのでいただいて読んだのですが、お世辞にもおもしろいとはいえない内容でした」という人がいました。

そのご近所の方は、自費出版で本を出されたようなのですが、おそらく、自分を喜ばせることはできても、他人を喜ばせるまでの力はなかったのでしょう。

ところで、私は「アホ会」といって、夢を語る会を仲間たちと十数年前につくったのですが、これは、夢をもったアホな人は誰でも入会できますが、夢を否定する間抜けな人間は入れない会です。東日本大震災以降は、復興のためのチャリティーイベントも積極的に行なっています。

このイベントの目玉は、西田塾の門下生たちが提供するチャリティーオークションです。先日は、日本のホスピタル・クラウンの第一人者である大棟耕介《おおむねこうすけ》さんが、「ステージの上で一緒にパフォーマンスができる権利」というのを出展したのですが、これがなんと、5万円以上の値で競り落とされていました。

ホスピタル・クラウンというのは、クラウン（道化師）としてホスピタル（病院）を訪れ、闘病中の子どもをはじめ、家族やそこで働く人たちまでも笑顔にするためにパフォーマンスを行なうものです。彼の活躍ぶりはすさまじく、テレビドラマ化までされています。

手に入れた人はおそらく、大棟さんがパフォーマンスをしているところで、子どもと奥さんと一緒にステージに立てたら、家族にとって一生の思い出になると思ったのでしょう。

ほかには、「1日お姫様扱いしてもらえる権利」というものもありました。

これは、当時、ホストクラブ「Prince Club Shion」をはじめとしたシオングループオーナーで、作家として活躍中の井上敬一《いのうえけいいち》さんが出展したものです。

カリスマホストでもあった彼には熱烈なファンがいて、これは10万円以上もの値で競り落とされていました。

私からしたら、「なんでそんなに出すの？」と思うのですが、彼女たちから見たら、まさにプリンスの彼からプリンセス扱いを受けられるのですから、10万円でも安いくらいなのです。

人気の居酒屋「てっぺん」の経営者でもあり、今や外食産業界に大きな影響力をもつようになった大嶋啓介《おおしまけいすけ》さんは、「大嶋家に宿泊して特上接待をしてもらえる権利」というものを出展していましたが、これもなかなかの人気でした。

ほかにもいろいろありましたが、とにかくどれもユニークな企画ばかり。場内のお客さんは大喜びで、私も大いに楽しませてもらいました。

もし、彼らがなんの実力もない人間だったとしたら、これほど周りの人たちを喜ばせることはできたでしょうか？

残念ながら、それは不可能でしょう。無力から努力をして力をつけ、成功者になった彼らだからこそ、このようなアホなことをしても人に受け入れられ、喜ばれ、感謝さえされるのです。

このステップを間違えてしまうと、ひとりよがりなどと言われ、せっかく素晴らしいことをしても、さほど人さまには喜んでもらえずに終わってしまいます。

たくさんの人に支持してもらおうと思ったのなら、また、本当に世のため人のためになりたいと願うのなら、まずは基本的な努力を積んで、自分自身に力をつけることが先決なのです。

有力レベルのあなたへ 「ツキ」が必要です

無力だった人は、努力を重ねることで有力になります。すると、昇進や抜擢《ばってき》、あるいはスカウトといった嬉しいことが起きてきます。

世の中で通用する力があるので、ここでやっと、新社会人だった人も〝真社会人〟として、プロの仲間入りを果たせたことになります。

具体的には、中堅とかベテランと呼ばれるビジネスパーソンがこのレベルで、ここまでくると、部下やアシスタントもできてきます。

真剣に努力を続けてきた人なら、絶対このレベルにまでなります。

しかし、問題はここからです。

たとえば、芸能、芸術、スポーツの世界で、〝プロはプロでも二流〟と称されるのがこのレベルで、まだ、十分に生計を立てられるだけの余裕がありません。

世の中には、実力はあっても成功できない人がごまんといます。実際に私はそのような人をたくさん見てきました。

なぜそのような残念なことが起きてしまうかといったら、無力だった時代と同じような努力を続けているからです。

有力レベルになったら、努力ではなく、ツキを呼び込むことに尽力しなければなりません。

有力レベルの人は、今すぐムダな努力をやめて、有力から成功者になるべく、ツキのテクニックを身につけましょう。

人に認めてもらうためにサービスをする

無力のレベルから努力をして有力になっても、それはまだまだ成功したと言える状態ではありません。

成功者となんら変わらない実力をもっていても、なかなか経済的に恵まれない人が世の中にはたくさんいるのですが、このような人というのは、言うまでもなく、まったくツイていない人たちです。

成功者というのは、実力はもちろん、ツキがあるから成功できたのです。

有力で終わる人間と成功までいける人間の違いは、たったこれだけしかありません。ですから、有力になってからも無力の時代と同じように努力を続けていてもなんの意味もないのです。むしろ、ますますツイていない人間になるだけです。

ツイていない人というのは、実力があっても、それを人から認められていないという特徴があります。

なので、有力のレベルになったら今度は、人に認めてもらうための努力をしなければならないのです。

そのためにはやはり、相手の役に立つことを示していかなければなりません。そして、相手を喜ばせることができたのなら、間違いなく認めてもらえ、ツキのある人間になります。

つまり、**有力レベル以上になったら、一にも二にも、人を喜ばせる力「他喜力」を磨くことが必要**なのです。

無力のときには、歯を食いしばってがんばっていた人も、ここでは逆に、ニコッと笑って白い歯を見せるくらいのサービス精神が必要だということです。

他喜力はテクニックですから、どんな人でも、覚えて実践したら、かならず身につけることができるし、効果も上がってきます。

他喜力を発揮する際の大前提として、自分も喜んでその行動をとるということがポイントになります。

たとえば、イヤな上司に何か贈り物をしなければならないというとき、イヤイヤ「しょうがないなぁ」という思いで行動していては、他喜力は残念ながら身につきません。「あの上司を喜ばせたい」と思って、自分自身も楽しくウキウキしながら行動するのが本来の他喜力であり、正しい他喜力の高め方なのです。

正しい他喜力をどんどん発揮していったら、「○○さんにお願いします」「○○さんをご指名します」「○○さん、○○さん」と、各方面から一極集中であなたに依頼が集まってきます。

こうなると、イヤでも成功の扉は開かれていきます。

器用貧乏には、ツキがこない

仕事は人一倍こなせるし、人柄も悪くはないのに、なぜだかうだつの上がらない人というのがいます。

そのような人を世間では、「器用貧乏」などと呼んでいます。

実力だけなら成功者にも勝ると思われる人が、少ない報酬で働いているのですから、これほどツイていない人はいません。

また、たくさんの人に感動を与えようとか、世の中に貢献しようという、思いは崇高なのですが、いつまでも6畳一間のアパートのようなところで必死でがんばっているような有力な人というのがいます。

その前に自分をどうにかしたほうがいいのでは？　と思ってしまうのですが、意外にもこのような人は多いものです。

こうした人というのは、単に自分に酔いしれているだけで、それがカッコいいことだと思っているのです。辛いと思う半面、そのような自分が好きなのです。いわば、悲劇のヒロインを楽しんでいるわけです。

言うまでもなく、そのような悲劇のヒロインごっこをしていてはいつまでたっても成功はできません。

本当に成功して豊かで幸せな人生を送りたいと願うのなら、すぐにでもそのようなごっこ遊びは手放すべきです。

じつは、いつでも簡単に手放せることではあるのですが、それがなかなかできないのです。

なぜかといったら、楽しいからです。自覚はなくても、その悲劇のヒロインごっこが好きなのです。

世間ではそのような人を「貧乏性」と呼びます。

器用貧乏も貧乏性も、そのような自分を自覚し変えないかぎり、成功はできません。

ところで、よく、「シワが気になる」とか「目がはれぼったいのがコンプレックス」だといって悩んでいる人がいますが、そのような人は今すぐにでも整形手術をしたらいいのです。

あっというまに前向きで明るい気持ちになれることでしょう。

この話を聞いたある女性が、「親からもらった体にメスを入れるなんてことはできない」と反論していたのですが、「でも、注射くらいの施術だったら許せる」と言うのです。

「それ、どっちにしろ同じことでは？」と思ってしまったのですが、器用貧乏の人も貧乏性の人も、同じように、すぐにでもいい方向に変えられるものを、不思議な価値観をもっていて、それができずにいるわけです。

そして、無力のときと同じような努力をひたすら続けているのです。

たしかにひたすら努力を続けている人というのは素敵です。しかし、そういう人は絶対に成功しません。

繰り返すようですが、ここで必要なのはツキを呼ぶ努力であり、それこそが他喜力です。

他人を喜ばせないかぎり、成功はいつまでたっても手に入れることはできないのです。

このことを多くの人はわかっていないので、無力の時代に努力を欠いたり、有力になってからも努力を続けたりするという、あべこべなことをして悩んでいるのです。

頼まれごとは断らない

人は力をつけると、人から期待され、頼まれて何かをしなければならない存在になってきます。

能力がついたのに、もし成功していないとしたら、その上のやらなければならないことをやっていない証拠です。

つまり、相手を喜ばせるということをしていないのです。

人を一番喜ばせるものは何かと言ったら、「期待」です。期待に応えることが、何より相手を喜ばせるのです。

子どもが親に褒めてほしくて、お手伝いをしようとするのも、テストでいい点数をとろうとするのも、もともとには、親の期待に応えて喜んでもらいたいからです。

それと同じように、上司に期待され、それに応えて上司を喜ばせることができたのなら、「ほかのヤツとあいつはちょっと違うぞ」という評価が下され、さらなる高みへ上がっていくことができるのです。

「人に期待され、それに応える」ということは、他人との約束を果たすことでもあります。

そして、これこそが、有力のレベルの人にとっての正しい努力方法なのです。

もしあなたに、相手から期待されるイメージがなかったら致命的です。下手《へた》な謙遜をしている場合ではありません。

また、期待されているにもかかわらず、ここでプレッシャーを感じて回避していたとしたら本末転倒です。

今まで積んできた努力も水の泡でしょう。

日頃から、期待されるイメージづくりを考え、また、人に何かを頼まれたとしたら、その時点であなたは相手に期待されているわけですから、あとはそれに誠意をもって応えましょう。

これだけで確実にツキのある人間になれます。

そして、この繰り返しが、あなたのもとへ自動的に成功をたぐり寄せてきてくれるのです。

イヤな仕事がツキを落とす

せっかく努力が実り有力になったというのに、ここで挫折してしまう人がいます。

もうすぐ大輪の花が咲いて、そのあとにはたくさんの実がなるというのに、つぼみのままで枯れていくという、じつに惜しいパターンです。

そのような人たちに共通しているのは、間違った努力を続けているという点なのですが、たとえば、仕事のクオリティーはあきらかに高まっているのに、イヤな仕事をムリして引き受けてしまうことなどがそうです。

これでは、効率が悪くなる一方ですから、貧乏ヒマなし地獄に落ちていって力尽きるのは当然です。

このような地道な努力は無力の時代に散々やってきたはずです。

有力になってからは、そのような努力は百害あって一利なしです。

ここでしなければならないのは、生産性を高めることです。そして、その一番の方法は、自分の好きな仕事を引き受けてやっていくことです。

いつまでも効率の悪い仕事を続けていたら、どんどんどんどん単価の安い人間になっていってしまうし、つまらない仕事ばかり受けなければならなくなってしまいます。

もし、今のあなたがそのような間違った努力をまだ続けていたとしたら、今すぐ第2章を読み返し、ぜひ参考にしてください。

前項で、「頼まれごとは断らない」と述べましたが、これはあくまでも有力な人間として期待され、それに応えるということが前提です。

有力な人間として期待されていないと、プロ並みの報酬はもらえません。逆に、単価の低い仕事を振られるというのは、それだけ相手に期待されるイメージをもってもらえていないということです。

つまり、他喜力が浸透していない証拠です。とにもかくにも、有力のレベルにいる人は、一生懸命に他喜力を磨いてツキのある人間になりましょう。

成功レベルのあなたへ 「責任」を果たすことが必要です

有力の人は、ツキを味方につけると成功することができます。

トップセールス、重役クラス、経営者などといった成功レベルになると、多くの人の支持を受け、経済面でも恵まれます。

芸能、芸術、プロスポーツの世界なら、一流と呼ばれるようになります。

通常、成功を手に入れたところで多くの人は満足してしまいます。そのため、そこそこ、ボチボチの成功で終わってしまう人がほとんどです。

しかし、ゆるぎない成功をおさめる人、超一流、大御所などと呼ばれる人というのは、ここからが違います。

成功したことに甘えるのではなく、成功させていただいた「責任」を果たそうとするのです。

責任とは、社会との約束

成功した人が強運の段階に入ってくると、「責任」が発生してきます。

どのレベルでもそれは発生しているのですが、ここでは、かかわるたくさんの人たち、会社に対してなど、高いレベルでの責任が発生するのです。

つまり、個人のレベルから、社会に対しての約束を果たすことが必要になってくるわけです。

イチロー選手は、誰もが認める超一流プレイヤーですが、なぜ彼は超一流になり得たのでしょう?

大リーグで活躍し、自分の野球の追求に余念のなかったクールな彼が、2009年のワールド・ベースボール・クラシック（WBC）で、日本を優勝させたいというのでわざわざ帰国しました。これこそ大きな他喜力であり、野球人として日本のために責任を果たそうとする彼の決意のあらわれでしょう。

つまり、このときから彼は、一流プレイヤーから超一流プレイヤーになったと言えるのです。

ところで、前述のホスピタル・クラウンの大棟耕介さんは、東日本大震災のあと、被災地へボランティアで訪れているのですが、本当は最初「行きたくなかった」と告白しています。

震災当日、彼はアメリカにいました。すでにその日から問い合わせがあったようですが、実際に帰国してみると、彼のもとに、テレビ局や新聞社などからたくさん取材申し込みの電話がかかってきたそうです。

「大棟さんはホスピタル・クラウンだから絶対に被災地に行くだろう」と、マスコミ各社は考えていたのです。

ところが、当の本人には、そのつもりはなかったのです。

しかし、マスコミ取材のみならず、彼が理事長をつとめるＮＰＯ法人「日本ホスピタル・クラウン協会」に、全国の人たちからお金まで振り込まれてくるようになったのです。

みんながみんな、「大棟さんは東北に行くだろう」と思ってのことでした。

「行く決意をするまでに時間がかかった」と彼は言います。

そもそも、なぜ彼が被災地へ行きたくなかったかというと、クラウンは子どもたちとの約束は絶対に破ってはいけない存在であると考えているからです。そこで「また行くからね！」と言ったら、何があったとしても、かならずまた行ってあげなくてはいけないわけです。

そして、東北の被災地に行ったら、絶対に「また来るからね！」と言わなければいけません。その責任たるや、大変なものです。

そういった決意なしに、軽々しく行くことは許されることではないと思っていたのでしょう。

ところが、マスコミから毎日のように問い合わせはくるし、勝手にお金まで振り込まれてくるようになるし……。ついに、彼は腹をくくったのです。

そして、「これは自分の天命であり、やらなければならないのだ」という並々ならない思いをもって、彼は現地に向かったのでした。

社会に対して責任を果たす。それは、ただならぬ覚悟が必要です。

しかし、これこそが、成功者から強運レベルへ上がるための、大切なパスポートなのです。

「行くからには徹底してやる！」

出発前、彼はそう宣言しました。

このとき私は確信しました。

「大棟さんは大成功者になるぞ」と。

責任を果たすとツキは継続する

有力な人間はツキを味方につけることで成功者になれますが、世の中には、成功したあとでドスンと落ちてしまい、なかなか這《は》い上がってこられないまま、過去の栄光にしがみついて生きているような人が少なくありません。
芸能人など、一発大きく当てて脚光を浴びたものの、その後、目立った活躍をしないで終わってしまう人がいます
逆に、世代を超えて支持され、今も昔も変わらずに輝き続けている人もいます。
ある時期には、どちらも成功者だったわけですが、その状態を維持できなかった人はそ

の後、いわゆる、一発屋と呼ばれ、その状態をずっと維持している人は、大御所と呼ばれるようになります。

ツキというのは瞬間的に押し寄せる幸運ですから、いい波がきたからといって、それに甘んじていると、かならずダメになってしまいます。

しかし、人はおうおうにして、一生懸命がんばってきて成功という幸運を手に入れると、それで満足してしまいます。

しかし、その幸運を強運に変えていかなければ、ゆるぎない成功、つまり、成功の状態を維持していくことはできません。

では、成功という幸運を強運に変えるものが何かといったら、先にも述べた「責任」を果たすことにほかなりません。責任を果たさない者に強運などないのです。

昭和4（1929）年10月、世界的規模で恐慌に陥るという事態が発生しました。日本経済も大きな打撃を受け、工場閉鎖やリストラが当然のように行なわれ、街は失業者であふれました。

しかし、当時の松下《まつした》電気器具製作所（現：パナソニック ホールディングス株式会社）

は違っていました。

幹部は「従業員を半減すべき」との考えでいたのですが、トップである松下幸之助《こうのすけ》氏は、生産は半減するけれども「従業員は解雇せず、給与も全額支払う」という指示を出したのです。

そして、倉庫で眠っている大量の在庫販売に力を入れてほしいという意向を従業員に伝えたのですが、これには誰もが大喜びで、おのずから一致団結して目標達成に向かって立ち上がったのでした。

この結果、2カ月後には在庫が一掃され、逆に生産が追いつかなくなるほどになったといいます。

苦肉の策といいながら、今もリストラを行なう企業は少なくありません。しかし、松下氏のこの例のように、社会に対して責任を果たすという行為こそが、世間から大きな支持、信用を得て、強運になる本当のやり方なのです。

プレッシャーを超えると強運が手に入る

社会に対してなど、高いレベルの責任を果たすということは、それだけプレッシャーもキツイものになります。しかし、その苦しみを克服したところに強運はあります。

大きな責任を果たして強運になってしまえば、ここからは間違いなく好きな仕事だけしかやらなくても生きていけるようになります。

内容的にも報酬の面からしても、最初からいい仕事がどんどん舞い込んでくるようになり、それをさらによりどり見どりで選択ができるようになるので、ストレスなく、悠々自適でいられるようになるのです。

ですから、成功を手に入れることができたのなら、今度は強運のレベルに早く達してしまうにかぎるのです。

しかし、人は安全なところにいたいという欲求があるので、責任を果たすというプレッシャーに立ち向かうことに対しても、やはり躊躇してしまうものです。

ですが、いくら「大きな期待に応えてすごい人だと言われるようになるよりも、小さくまとまってそこそこやっていきたい」と思っていても、先の大棟さんがそうだったように、自分の意思とはうらはらに、自然に周囲から持ち上げられ、やらなければならない状況に追い込まれるということが起こるものです。

このときに、それを受け入れられるかどうかなのです。つまり、ここが、ゆるぎない成功をおさめられる人とそうでない人の分岐点なのです。

もっとも、ほどほどの人生で妥協して生きていこうと思いながら、自分自身が一番それを許せなくなってくるものです。

かつて、「普通の女の子に戻りたい」といって解散した人気アイドルグループがありましたが、それから数年して3人とも、再び芸能界へ復帰していました。

一度成功してしまった人間というのは、そのときの感覚を記憶しているので、1年もすると、普通でいることがイヤになってくるものなのです。

最初は本当に、重責に耐えかねてなんのストレスもない状態に戻りたいと切望するのですが、それで本当に戻れる人というのはほとんどいません。戻りたくても戻れなくなってしまうのです。


常にプレッシャーと戦っているという点で一番わかりやすいのは、スポーツ選手です。スポーツ選手というのはみんなプレッシャーに耐えて上を目指しています。

ボクシングで世界タイトルマッチなどにもなると、ファイトマネーも億単位になることもあり、これはとてつもないプレッシャーでありストレスになります。

実際に、それで逃げ出したくなる選手もいるほどで、対戦相手との戦い以上に、自分にのしかかるプレッシャーとの戦いが、本当は厳しく辛いものなのです。

ですが、人間というのはおもしろいもので、そこを乗り越えやりきってしまうと、次のレベルを目指してまた歩き出そうとするのです。

しかし、それをやりきらないものだから、そこそこの成功に甘んじて生きていこうとして、そのじつ、いつまでも重圧に耐えられずに苦しみ続けることになるのです。

もし、今あなたが大きなプレッシャーをかかえて右往左往しているのだとしたら、逃げてはいけません。弱気の自分をノックアウトして、百戦錬磨の強運人生を手に入れましょう。

強運レベルのあなたへ「感謝」が必要です

成功した人は、責任を果たしていくことで強運のレベルに達します。

ここまでくると、大御所や大先生などと呼ばれ、好きなことだけをして生きていけるようになります。

どんなに世の中が不景気でも、どんな業界であっても、このレベルにまで達しているのならなんの問題もありません。

また、一般的には欠点だと思われているようなことも、素晴らしい個性だとして崇《あが》められるようになるなど、まさに強運を絵に描いた状態です。

大経営者だとか、芸能、芸術、プロスポーツの世界なら、超一流と呼ばれる人がこれです。

強運の段階までくれば、なすべきことはすべてやり遂げ、なんら思い残すこともないように考えられるかもしれませんが、じつはさらなる高みがあります。

そこへ上がって行くために必要なのは「感謝」です。

強運の人間が本当の感謝の思いをもって生きていかれるようになったら、もはや人智《じんち》を超えたステージ、つまり「天運」のレベルにまで達することができるのです。

「本当の感謝」を捧げる

感謝が大切だというのは、誰もがわかっていることです。

とくに今は「感謝が大切です。感謝しましょう」ということが各方面で言われているので、みなさん、「感謝しています」ということをよくおっしゃいます。

たしかに感謝しているのかもしれませんが、強運の段階で言う感謝は、一般的に言われている感謝とはちょっとわけが違います。

「感謝しています」と言うまでもなく、**自然発生的に、すでに感謝している状態に常にあることが本物の感謝**です。そして、この状態になったときに人はやっと、人生の最終ゴール地点である「天運」の段階に達するのです。

論語《ろんご》に「五十にして天命を知る」という孔子《こうし》の言葉がありますが、昔の人たちは、早い段階でその心理に至っていたわけです。

それはなぜかと言えば、貧しい時代で苦しさが最初からあったからです。否が応にも上のレベルに這い上がって行かなければならない環境におかれていたということです。

不況だの不景気だのといっても、今は生まれたときから食べることには困らない豊かで恵まれた時代です。そのため、「五十で天命を知る」などという人はほとんど見当たりません。

人はゆるぎのない成功をおさめると、それゆえに見えてくるものがあります。

それが何かといったら、「成功させていただいた」という紛れもない事実です。

これまで自分で一生懸命にがんばってきたと思っていたものが、じつは、たくさんの支援、まさに、おかげさまでここまでやってこられたのだということに気づくわけです。

そうなったときに人ははじめて、天命の人生を歩むことになるのです。

強運までは人間のレベルで、社会的成功のみにとどまるのですが、天運は人間的な成功にまで達します。こうなると、もはや、どこまでいっても力尽きることはありません。


ヤマト運輸株式会社の元会長、小倉昌男《おぐらまさお》氏といえば、宅配便の規制緩和を巡り、旧運輸省および旧郵政省と対立した際、官僚たちを相手に、トップである彼自らが陣頭指揮をとって激論を交わしたことでも有名な人物です。

国からの理不尽な要求のみならず、社内からの反発の声にも終始一貫して毅然《きぜん》とした態度で挑んだ彼のおかげで、私たちは宅配便を安く利用できるようになりました。

社会に対して大きな責任を果たしたことで小倉氏は、強運のレベルに達したわけですが、彼が本当に素晴らしいと思えるのは、引退後、全財産をはたいてヤマト福祉財団を設立し、そこに心血を注いだことです。

同財団を通じ、「東日本大震災　生活・産業基盤復興再生募金」として、被災地の地方公共団体や公益法人等に対し、1事業所につき最高20億円までの助成事業なども行なっていました。

こうした活動こそ、おかげさまの心を知った小倉氏の、世の中に対する深い感謝のあらわれでしょう。

そして、これこそが真の成功者の姿だと言えるのです。

天運レベルのあなたへ「使命」に生きることが必要です

強運の人間は、世の中そして人のために本当の感謝を捧《ささ》げることで天運レベルに達します。

天運をもった人間は無敵の存在です。

社会的成功も人間的成功も、この世における成功はすべておさめた状態で、ここが真の成功です。

歴史に名を残した偉人、その功績が後世に語り継がれる人たちが、この天運レベルの成功者で、前述の松下幸之助氏や小倉昌男氏もここまで達した真の成功者だと言えます。

天運の人間は、大きな「使命」を背負っています。

世のため人のためにということが、本当の意味でできるのは天運のレベルにまで達した人だけであり、だからこそ、使命に生きることが必要とされるのです。

人は天運のレベルに達したら、自分のエモーションコントロールが必要になります。つまり、己を操るということです。これができなければ、本当に人を喜ばせるということ、使命を果たしていくということはできません。

他者をおもしろいように操り、強欲だった大経営者が、晩年になり仏門に入って無欲の追求を始めるというのも、最後の最後、己を操ることの大切さに気づかされるからです。

最終的には、混じりけのない心で人を喜ばせることができるようになるのですが、これこそが「悟りの境地」と呼ばれるものです。

天運への挑戦

大成功者と呼ばれる人は、成功したことに甘えているのではなく、成功させていただいた責任を果たそうとします。その責任に対する謙虚な気持ちが、人を強運の人間に変えていくのですが、そのことにより、自分のためという自我の欲求はなくなっていきます。

そして、自分は生きているのではなく、生かされているという事実を悟るのです。

そのときから人は、自分よりはるかに大きなものの存在や天からいただいた自分の強さに気づき、私利私欲を捨て感謝と使命感をもって動き出します。無力から天運まで上りつめ、成功したがゆえに気づくもの。それが人間の最終の気づきとなり、天命を感じ、天命に生きるようになるのです。

逆に言えば、成功したなら天命というものを知って、それを実行しなくてはなりません。成功させてもらった恩を社会に返すのです。

それは、自分の夢を叶えるよりも、もっと大きなことです。

私はこの数十年、日本の成功者をたくさん見てきましたが、それらの人たちにはみな、器がありました。

とてつもない成功者というものは、自分の夢などというものをもってはいません。ただひたすら天命に従って、自分がしなければならないことをしているだけです。

世のためを思って本気で生きる。

真の成功とは、そうやって成し遂げられるものなのです。

第4章

「他喜力」があれば、他人を自由に操れる

●「他喜力」を使えば、簡単に人を操れる

もしあなたが、誰かからいつも喜ばせてもらっていたとしたら、その相手に対してどのような感情を抱くことでしょう?

喜ばせてあげようと思う。
ずっと仲良くしようと思う。
味方になってあげようと思う。
頼みごとを聞いてあげようと思う。
多少のムリは聞いてあげようと思う。
困ったときには助けてあげようと思う。

ちょっと考えてみただけでも、いろいろなことが浮かんでくることでしょう。
あらためてこれらを見てみると、こちらも相手を喜ばせる行為をとろうとしていること

がわかります。

「多少のムリは聞いてあげようと思う」などということになると、もはや相手の都合のよいように自ら動こうとしているわけです。

他喜力にはこのように、相手を無意識のうちに、あるいは、喜びのうちに動かすことのできる力があるのです。力があるというより、他喜力そのものがじつは「操り力」なのです。

つまり、他喜力が高い人というのは、「間接的に相手を思いどおり動かすことが上手な人」だということです。操り力が高いわけですから、そのような人は、やはりみなさん成功しています。

人に圧力をかけ、奴隷のように人を動かすものが「直接暗示」なら、自主性をもって嬉々《きき》として動いてもらえるようにするテクニックが「間接暗示」です。他喜力を身につけるということは、この間接暗示で人を動かすことができるということなのです。

終身雇用制度が崩れてしまった今は、あきらかに間接暗示でなければ人を動かすことのできない時代です。

さらに言えば、これからの企業や人間は、冒頭で述べた、エジソンがつくりあげた「集合天才型」を目指していかなければ生き残りは厳しくなることでしょう。

人は〝自分に興味をもつ人〟に感動する

他喜力や操り力は、恋愛に置き換えて考えてみるとわかりやすいものです。

誰かを好きになると、振り向かせたい一心であの手この手でいろいろなことをするものですが、これこそ、相手を喜ばせる他喜力を駆使しているのです。

恋愛の達人というのは、ここで上手に他喜力を発揮できる人で、恋愛下手な人というのは、ここで的外れな他喜力を発揮している人なのです。


そこにはじつは秘密があります。それが、「間接暗示」なのです。つまり、他喜力をうまく使うかぎは、「間接暗示」がうまくできているかどうかにかかっているのです。


では、「間接暗示」とはなんでしょう?

死ぬほど好きな人に、いきなりストレートに「いつも死ぬほど君のことを思っている」と伝えたとしたら、まったくそのとおりではあるのですが、言われた相手にしてみれば、ちょっと気が重くなってしまいます。逆に、軽薄だと感じる人もいるかもしれません。いずれにしても、うまいやり方とは言えません。

先日、ある女性がインターネットの婚活サイトに登録し、その際、さまざまな男性から誘いを受けたと言います。他喜力がない男性は、「自分はこういう人間で、こういうことが好きで……」と自分のことを一方的にメールに書いてくるばかりで、だんだん返事をするのがおっくうになったと言います。なかにはメールでのやりとりしかしていないのに、「あなたのことが気に入りました。温泉にドライブに行きましょう」と書いてくる男性もいて怖くなったそうです。

まだ会ってもいない男性の車で温泉に行くというのは、女性の側からしたらかなり勇気がいることで、それこそ、自分は他喜力がないと言っているようなものです。

他喜力がある男性は、まず、相手が今興味があることをさりげなくメールで聞き出します。その相手でしたら、クラシックが好きですから、それこそ、なかなか手に入らないコンサートのチケットをこっそり入手して、「よさそうなチケットを手に入れたから、お時間があったら一緒に行きませんか」と誘えばいいのです。

男性がクラシックに詳しくなくとも問題はありません。逆に好都合です。興味がないのに、わざわざ自分のためにチケットをとってくれたことに、相手は感激するのですから。

人は、自分のことに興味をもってくれている、自分のために時間を割いてくれた、ということに感動します。第1章で、旅先で「君のことを思い出して四つ葉のクローバーを見つけてきた」と、本に挟んだそれを家内にプレゼントしたという話をしましたが、こういった日頃の他喜力がものを言うわけです。

ここには、直接のメッセージはひとつも含まれてはいませんが、いつでも深く君を思っているといった間接的なメッセージがあります。

そのおかげで私は、飲み過ぎで午前様になっても、これまで禁酒令がしかれたことは一度もありません。いつも楽しい酒宴に出かけています（笑）。

人は、直接のメッセージよりも、間接的な暗示に心を動かされるものなのです。

「オレの言うことを聞け」と言ったところで、誰が聞く耳をもつことでしょう。

恋愛も結婚も、いかに相手に他喜力で間接暗示をかけてこちらの思いどおりに操るかが勝負なのです。

ビジネスでも子育てでも同じことが言えます。人が幸せに生きていこうと思ったら、他喜力を磨いて、上手に相手を動かす操り力を身につけることが何より大切なのです。

多くの人が、〝操られる側〟にいる

手段なくして実現はありません。

物事を成し遂げるには、それを成し得るような手段が必要です。

手段とは、目的実現の方法、手立てです。やりたいことを成し遂げるにも、やるべきことをやるにも、手段が明確でなければ達成はできないのです。

たとえば、資金が必要になった経営者は、どこかでそれを調達しなければならないわけですが、そのときに何が必要なのかといったら、手段にほかなりません。

ところが世の中には、手段も何ももたずに、夢ばかり見ている人間がとても多くいます。

「実現」という字にレ点（漢文の訓読に用いる返り点）を打つと「現実」になりますが、何かを実現するということは、現実に強くならなければならないのです。

しかし、多くの人たちは、このことがわかっているようでわかっていません。

では、夢を実現するための手段とはいったい何か？　ということになるのですが、それこそが「操り力」なのです。

じつは、**多くの人が、わかっているようでわかっていないというのは、常に操られている立場でいるから**です。

お金が必要な経営者は、どうやったら融資が受けられるかを考え、銀行を操ることができなければなりません。

商売をしている人なら、どうやったら売れるかという手段を考え、消費者を操ることができなければなりません。

どういう手段を講じるかということが非常に重要なのに、それが抜けている間抜けな人間にかぎって、「オレは大器晩成だから」などと言うのですが、誇大妄想もはなはだしいとしか言いようがありません。このような人は、残念ながら一生成功できません。

「間接暗示」で、人はおもしろいように動く

人はおうおうにして、「〇〇しなさい」と、直接暗示で他者を動かそうとしますが、これでは人は動きません。動いたとしてもシブシブといった具合です。

するとさらに、「業績が悪いとボーナスカットだぞ」とか「成績が悪かったらリストラになるぞ」といった追い打ちをかけてしまうのですが、これはレベルの低い最悪の操り力です。

「鳴かぬなら殺してしまえホトトギス」という句は、織田信長《おだのぶなが》の気性をあらわしたものですが、彼が直接暗示で物事をコントロールしていたことをうかがい知ることができるものです。

直接暗示による強迫観念によっても人はたしかにキッチリ動くようにはなるのですが、他喜力ゼロですから、恨みを買い厄介な問題をかかえることにもなります。

ご存じのように、織田信長は家臣である明智光秀《あけちみつひで》に裏切られ、本能寺《ほんのうじ》の変《へん》で自刃しています。

ほとんどの親は、子どもに「勉強しなさい」と常に言っているものですが、これも直接暗示です。なかには、「勉強しないと大人になったら大変な人間になるわよ」と言っている親もいますが、これでは不安や恐怖を与えることになるので、親嫌いになることはあっても、勉強好きになることは間違ってもありません。

すでに述べたように、人を動かすのは、メッセージが含まれていない間接暗示です。この場合は、「お母さんは信じてるわ」とか「あなたはやればできる子なんだよ」と声をかけてあげればいいのです。

ところで、豊臣秀吉《とよとみひでよし》は「鳴かせてみせようホトトギス」、徳川家康《とくがわいえやす》は「鳴くまで待とうホトトギス」の句でたとえられていますが、どちらも間接暗示で人を動かしていたことがわかります。

とくに、家康の間接暗示は完璧です。鳴くまで待とうなどと、なんら策を講じていないように見え、そのじつ、天下をおさめ、徳川３００年の世の礎までを築いたのですから、見事なまでの間接暗示であり、操り力だったと言えます。

優秀な上司は、あえて指導しない

部下が何かで失敗したときに、なぜミスしてしまったのか、どうしたらうまくいくのかを懇切丁寧に指導するタイプの上司と、逆に、「なぜこうなったのか、自分で考えなさい」などと言って、直接のアドバイスをしないタイプがいます。

一見、前者は親切で人徳がある人のように思えますが、優秀な上司とは言えません。直接暗示で人を動かそうとするからです。

優秀な人間というのは、間接暗示のかけ方がうまい人間です。間接暗示のうまい上司のもとにいると、自分で考える習慣がついていくので、知らない間に実力が備わります。

組織でよく起こりがちなのは、間接暗示のうまい上司から、信長タイプの直接暗示の上司に代わった途端に、指示されたことしかできない、それに従うしかない「イエスマン集団」に陥ってしまうことです。

ダメ出し組織になってしまい、あれはダメ、これはダメ、と言われ続けていると、人は考える力をどんどんなくしていってしまいます。

子どもも同様で、「○○しなさい」「○○しちゃダメ」といった直接暗示で子育てをしていると、親の顔色を見ているだけの、つまり、自分の頭では何も考えられない人間になってしまいます。

直接暗示でダイレクトに言ったほうがわかりやすいし、伝わるはずだと考えがちですが、相手を本当に動かすことができるのは間接暗示であり、これがその人間を伸ばすことにもなるのです。

たしかに即効性はないかもしれません。しかし、急がば回れではありませんが、間接暗示こそ一番確実で早いやり方なのです。

私の知人に、高校時代、母親の勤めるスーパーで万引きをしたことがあるという男性がいます。

勤務中だった母親は、事務所に呼ばれてやってくると彼と並んで座り、息子である彼のためにひたすらお店の人に頭を下げて謝罪したそうです。

先に家に帰ってきた彼は、「母親が仕事から帰ってきたら、むちゃくちゃ怒られるだろうな」と、ハラハラしながら自宅にいました。

しかし、帰ってきてから母親が彼にかけた言葉は、予想だにしていないものだったのです。

「怖かったでしょう」

そのひと言に彼は、「オレはなんてバカなことをしてしまったのだろうか」と、心から反省したそうです。そして、万引きもそうですが、彼はもう二度と母親を悲しませるようなことはしないと心に誓ったといいます。

●企業理念は〝人を操るため〟にある

企業というのは利益を追求する組織ですから、そこにはかならず、売上目標など具体的な数字で示された「目標」があります。

社員さんは、そのノルマをこなすために動こうとします。

一方で、企業には、その組織の目指すもの、なんのために活動しているのかという目的を示す「理念」というものもあります。

直接的な数字のメッセージは入ってはいないのですが、社員さんは「弊社のサービスによって社会に貢献しよう！」といった崇高な思い、大義を抱いて働こうとします。

人は、ノルマを課せられて働くことには疲弊や反発を覚えるものですが、理念のもとに働くことにはやる気をもって取り組むことができるものなのです。

この違いがどこからくるのかといえば、直接暗示で動いているのか、間接暗示で動いているのかという点です。

松下幸之助氏は、「理念なきところに経営は成功しない」という言葉を残しています。

先に、目的を達成するためには手段が必要だと述べましたが、まさに、経営を成功させるという目的を達成するための手段が、「経営理念」なのです。

売上目標を掲げて直接暗示だけで話をしても、それではうまくいきません。

利益一瞬、理念一生なのです。

スポーツの世界でいえば、金メダルをとるというのは直接の目標です。ここに、たとえば、「被災者に勇気を与えるため」という思いがあれば、その間接暗示によって、人は奮起し、実力以上の力を発揮できるようになるわけです。

●世の中は操る人と操られる人の2種類だけ

世の中というのは、操る人と操られる人で成り立っています。

社会に操られている人、社会を操っている人。
金融機関から操られている経営者、金融機関を操っている経営者。
仕事に操られているビジネスパーソン、仕事を操っているビジネスパーソン。
部下に操られている上司、部下を操っている上司。
配偶者に操られている人、配偶者を操っている人。
恋人に操られている人、恋人を操っている人。

国、社会、宗教、時代、流行、仕事、上司、部下、顧客、金融機関、恋人、配偶者、お金等々、すべては、間接暗示による操り力で動いているのです。
コマーシャルで見た商品が欲しくなるのも、いろいろなダイエットに挑戦してしまうのも、早起きをして会社に向かうのも、どこかの誰かに操られているからです。

しかし、そのことに気づいている人はほとんどいません。上手に間接暗示をかけられ、自発的な行為だと思ってそれを行なっているからです。

あなたが操る人なのか操られている人なのか、私は知りません。

ですが、**豊かで幸せな人生を送れるのは、間違いなく、究極の能力であるこの「操り力」を高めた人**なのです。

●暗示にかかりやすい人には共通点がある

間接暗示をかけることが上手な人は、相手がかけてくる間接暗示もすぐにわかるのですが、そうでない人は、なかなか自分が間接暗示にかかっていることに気づくことができません。

世の中のほとんどの人は、大なり小なりなんらかの間接暗示にかかっているものです。なかには、何かを購入するときなど、おもしろいように相手の間接暗示にかかって、パッパッとそれを買ってしまうというような、じつに間接暗示にかかりやすいタイプの人というのがいます。

じつは、間接暗示にかかりやすい人には次のような特徴があります。

◎自分を客観視できない人
◎他人の意見を受け入れない人
◎他人のことをよく見ていない人

◎貧乏を美化する人
◎嫌われるのに弱い人

ほぼすべてに該当するという人は、ひょっとしたら、安い賃金でこき使われていることにも気づかないで、世のため人のためなどと、カッコいい自分に酔いしれているだけかもしれません（！）。

第3章でも述べましたが、本当に世のため人のために尽力できるのは、無力を努力によって有力に変え、有力をツキによって成功することで強運に変え、強運を感謝によって天運に変え、使命を担って生きている人間だけです。

最初は、人を操る力は必要ないかもしれません。しかし、成功者レベルになってくると、人を操る力はどうしても必要になってきます。そして、強運、天運レベルになるには、人だけでなく、自分を操る力が必要となってくるのです。

他喜力によって人を喜びのうちに動かす力、つまり、間接暗示による操り力を身につけ、最終的には自分を操ることができる人間こそが、本当の意味で世の中の人のために貢献できるということです。

ですから、自分がどうやら間接暗示にかかりやすいようだと思った人は、今のレベルに合わせた努力をするなり、他喜力を磨くことが必要です。

もちろん、それと同時に、間接暗示を見抜く習慣をもつことも大切です。

操られたくないなら、物事を両面から見ること

物事を両面から見るということは、間接暗示を見抜く有効な方法です。

たとえば、人は誰かと自分を比較するとき、とくに、尊敬する人と比較した場合には、「相手にはあって、自分にはないもの」を探すという、一方向の見方をしてしまうものです。

たとえば尊敬している人がおおらかな人だとしたら、「自分にはおおらかさがまったくない」などと、自分のマイナス面にだけ焦点を当てて、自分を責めてみたりするわけです。

この場合は、逆に、**「尊敬する人にはなくて自分にはあるもの」が何かを考えてみるようにする**のです。

「では、私にはなくて、あなたにはあるものはなんですか？」と質問したら、「髪の毛！」と答えた女性がいましたが（笑）、こういった発想こそが大切なのです。

企業なら、相手が超一流の大企業であったとしても、○○社にはなくて、自社にはあるものを探してみましょう。

おそらく、たとえば地方の、いわゆる零細企業なら、都内一等地にビルを構える大手企業よりは、はるかに自然環境に恵まれていることという答えになるでしょう。

このように両方向からの見方を習慣化すると、間接暗示を見抜く力がつくことはもちろん、いろいろなことに気づくようになります。

差別化や付加価値といったサービスを考えるうえでも、とくに、経営者には欠かすことのできない視点だと言えます。

●「ま、いいか」が出たら、赤信号

当然のことながら、間接暗示を見抜くためには、表面的な部分だけを見ていても、それと気づくことができません。

その奥にあるもの、いわば「背景」を考える習慣をもつことが必要です。たとえば、お店にネクタイを買いに行って、店員さんがあなたのために3本のネクタイを選んでもってきたとします。

自分のために見つくろってくれたのだと思ってしまうところですが、そうではなく、「店員さんは、この中のどれを売ろうとしているのか?」ということを考えてみるのです。

あるいは、わざと自分が一番気に入らないものに関心を示してみると、逆に今度はそれをおもしろいようにすすめてきたりするので、ちょっと意地悪な実験ですが、いたずらのつもりで一度やってみるのもいいでしょう。

「なんで今このコマーシャルがガンガン流れているのだろう?」とか「このようなファッションが流行っているのはどうしてだろう?」などと、表面的なことのみならず、その奥にあるもの、背景までを読み解こうとする意識をもって生きていると、身の回りのいたるところに間接暗示があることに気づくし、それによって操られていることもわかってきます。

じつは、そうした間接暗示にすでに気がついている人は多いものです。

会社に操られている自分、配偶者に操られている自分、流行に操られている自分、飲み屋のお姉ちゃんに操られている自分、お客さんに操られている自分等々、わかっていても、「ま、いいか」と思ってあきらめているわけです。

こんな仕事で「ま、いいか」。こんな亭主で「ま、いいか」。こんな自分で「ま、いいか」。あきらめきれないときには、「ま、いいか」と思える自分を優しい人間であると美化して考えたりしています。

しかし、間接暗示のうまい操り力の高い人に、「ま、いいか理論」はありません。

たとえば、これが銀行だとしたら、絶対に「ま、いいか」ということにはならないはずです。お金のない人に「ま、いいか理論」で貸し付けをしていたら、たちまち経営難に陥ってしまうことでしょう。

人も同様なのです。「ま、いいか理論」に逃げず、間接暗示を磨くことを考えましょう。

ここまでのまとめ

◎他喜力を磨くと、操り力が身についてくる
◎人は操る側と操られる側に分かれる
◎世の中の大多数の人が操られる側にいる
◎成功するには、操る側にならなくてはならない
◎人は直接のメッセージより間接的な暗示に動かされる
◎操られているかどうかを知るには、物事の背景を探ろう
◎人を操り、最終的には、自分を操ることで人は大きな幸せをつかむ

●大公開！　成功者が使っている間接暗示テク

これまでお話ししてきたとおり、成功者はかならずと言っていいほど、人を動かす際に「間接暗示」を使っています。

そこで西田塾では、経営のテクニックとして間接暗示のかけ方を教えています。

これまで一般には明かしてこなかったのですが、震災により、日本が大打撃を受けた中、景気の起爆剤となってほしいという願いから、本書で公開に踏み切ることにしました。

西田塾秘伝の術ですから、効果テキメンです。けっして悪用しないよう、みなさまの良心を信じつつ、「間接暗示テクニック」をお教えしましょう。

間接暗示テク❶　人は、「褒めて」動かす

できる人は例外なく「褒め上手」です。

どんな人でも、褒めてもらえると脳内が「快」になって、一生懸命にがんばろうという

気になるものです。

たとえば、新入社員さんの場合には、まだまだ経験が浅いので、褒めようにも褒めるところがありません。

しかし、そのような場合でも、できる人はかならず〝何か〟を見つけて褒めます。

もし、その人がサービス部門のスタッフで笑顔の素敵な人なら、「〇〇さんの笑顔でみんなが救われるよね、いつもありがとう」と褒めます。

すると、このひと言で相手は、「よし！　がんばるぞ！」とモチベーションを上げ、自主的に動こうとします。そして、ぐんぐん能力を高めていくのです。

つまり、できる人というのは、意識の有無にかかわらず、「褒める」ことがとても有効な間接暗示の手段であることを知っているのです。

何度もチームを優勝に導いたプロ野球の監督さんのもとに、ある編集者が取材に行ったときのこと。1時間の取材が終わって、その監督さんに「インタビュー原稿はどちらにお送りすればいいでしょうか」と聞いたそうです。

その監督さんは、「いや、任せるよ。君たちプロだから」とひと言。その言葉で、その編集者も同行したライターも舞い上がってしまい、編集者はインタビューページを増やすよう編集長にかけあい、ライターはこれまでにないくらい素晴らしい原稿を上げてきたそうです。

これこそ、間接暗示のいい例です。そのくらい、人は褒められることに弱いのです。

さらに言うと、褒め方にもコツがあります。人には厳しさを求める人と優しさを求めている人の2タイプがいるのです。

実際には、どのような人も優しさを求めているのですが、表現方法として、SとMではありませんが、厳しくされることが好きな人と、優しくされることが好きな人がいるわけです。

そのため、褒める場合にも、各タイプのニーズに応えられるやり方で表現する必要があります。

多くの場合は、ストレートに優しくされること、褒めてもらえることを望んでいるし、それでモチベーションもアップします。

しかし、どんなに褒められても、「自分はまだまだ」だと考える自分に厳しい人、自己評価の高くない人は、通常の褒め言葉を言われてもなかなか認めようとしないので、モチベーションはあまりアップしません。

このタイプには、ほかの人には「君はすごい！」と声をかけていたとしても、「君はまだわかっていない」という、あえて冷たい言葉をかけたほうが効果的です。

この厳しい言葉により、「オレはほかの人間とは違うんだ」という発想になり、俄然《がぜん》やる気を発揮します。

ただし、人には根本的に承認欲求というものがあるので、このような人に対しても、ときにはチラッと褒めてあげることが必要です。

そのときには、「君、最近わかってきたな」などと声をかけると、大いにモチベーションを上げます。

ところで、褒め方のテクニックとして、「お前、気がついてないみたいだけど社長はいつもお前のこと気にしてるぞ」という、間接的な伝え方があるのですが、この間接暗示に（本当は社長はまったく気にしてもいないし、見てもいなかったとしても）、人は思いのほか喜びを感じるものです。

そして、たまたま社長に「おう、がんばっているね」などと声をかけられたりすると、いっそう奮起します。

直接的な強要指導をしても動かない人が、これによって自主的に動き出してしまうというのは珍しいことではありません。

ほんのちょっとしたことなのですが、褒め方ひとつでおもしろいように人を動かすことが可能になるのです。

間接暗示テク❷ 注意ではなく「相談」する

松下幸之助氏は、「君、どない思うんや？」と、人に相談をもちかけることがよくあったそうです。

そして、意見を聞いたあとにはかならず「そうか、ありがとう」と、お礼の言葉をかけていたといいます。

信頼され丁重な扱いを受けるのですから、誰もが松下氏のために一肌脱いで、がんばろうと奮起したことでしょう。

これこそ見事な間接暗示だと言わざるを得ません。

というのも、「私は、このようにしたほうがいいと思います」「こうすべきだと思います」と発した瞬間、（発したその本人に）責任が生まれるからです。

しかも、誰かに言われて実行することには「やらされている」という感覚がして反発を覚える人も、自分で考えて決断を下したことには自主的に取り組もうとするものです。

たしかに、本当に人の意見を聞いてみたいという考えもあったのでしょうが、松下氏は、そういった人間の心理を知り、ときとして、上手に間接暗示もかけていたのだと思います。

できる人というのはこのように、想定どおりの答えが返ってくるところまでを見越して、相手に相談をもちかけるということがあります。それにより、相手にとるべき行動を認識させているわけです。

よく、母親が子どもに、「どうしたらうまくいくのかなぁ？」と聞くと、子どもは自分なりに一生懸命に考えて母親に教えてあげようとします。そこで母親は、「そうか！　じゃ、それでやってみようか」というと、子どもは嬉々としてそれを実行します。

できる人というのは、まさにそれと同じことを実践しているのです。

間接暗示テク❸ 「頼って」やる気にさせる

部下の前で新任のあいさつをする際、「何か困ったことがあったら言ってください！」などと、通常なら、堂々たる立派なあいさつをしようと思うものです。

しかし、間接暗示の力を知っている操り力の高い人というのは、逆に、頼りない腰の低い自分をあえてアピールすることがあります。

たとえば、「いろいろ相談させてくださいさい！」などと言って、部下の前で深々と頭を下げるといったことです。

この瞬間何が起きるかというと、年上の部下にも年下の部下にも、とても謙虚で人柄のいい人というイメージがバッチリできあがります。そして、こんなに素直でいい人なのだから「力になってあげなくては」と、応援してあげたいという気持ちが生まれるのです。

何ごとも最初が肝心だからというので、なめられたら最後とばかりに、通常はそのようなプライドをかなぐり捨てたような態度はとらないものなのですが、そこをあえてやってしまうところにサプライズが生まれ、大きな効果を生むのです。

じつは、このような人ほどプライドが高い人だったりするものです。

しかし、そんな自分自身を上手にコントロールし、相手を動かしているのです。それを「人たらし」などと言う人もいますが、じつに高度な人心掌握術だと言えます。

間接暗示テク❹ おべんちゃらは「第三者」に言う

あるとき私のもとに、1軍から2軍に落とされたプロ野球選手が訪ねてきました。

さっそく私は、1軍に上がるある方法を教えたのですが、それから十数日後、再び彼は1軍に返り咲きました。

はたして、彼に伝授した秘策とは何か？

たとえば会社なら、部下を左遷した上司というのは、評価できない部分があるから左遷してしまうわけですが、そのじつ、それからすこしの間は、その部下のことが気になっているものです。

このときに、「上司のバカヤロー！　オレを左遷しやがって」と思ってしまうとそれまでなのですが、このようなときこそ間接暗示を発揮しなければなりません。

2軍の彼に実際に教えたのは、「2軍の監督にメッセージを伝える」ということでした。具体的には、次のようなものです。

「僕は今回、1軍の監督さんに2軍に落とされたけど、僕の野球人生の中では、これが一番の勉強になったと思います。本当に1軍の監督さんに感謝しています」

本心は悔しい思いでいっぱいなのですが、あえてこのように2軍の監督さんに言うのです。

すると何が起きるかというと、かならず2軍監督は、「監督、彼がこんなことを言ってました」と、1軍監督に報告します。それにより1軍の監督さんは、「お、あいついいヤツだな、やっと何か気づいたな」というので、再び1軍に引きあげてくれるのです。

なぜこのようなことが起きるかというと、落とした相手のことを本人はずっと気にしているのです。気になっているその部分に間接暗示を使って安心感を与えてあげると、気をよくして、「またあいつを応援してあげたい」という気持ちになるからです。

また、その際は、第三者を通じた間接的なメッセージがより相手の心を動かすことになるので効果的です。

左遷された人なら、左遷先の今の上司に、「今回のことは、人生の中で一番いい勉強になりました。すごくありがたいことだと思っています。元上司には感謝の気持ちでいっぱいです」と言えばいいわけです。

本当は悔しい思いでいっぱいでも、このような言葉ひとつで、相手は「もう一度あいつにかけてみよう!」という気持ちになるものなのです。

これを一般の人たちは「おべんちゃら」と呼んでいるのですが、これこそ究極の他喜力なのです。

間接暗示テク⑤ 「ストーリーつきの宣伝」をしてもらう

実力はもちろんですが、相手に「あの人に任せたら間違いない」「ぜひあの人にお願いしたい」と思ってもらえなければ、人は成功することができません。とくに、ビジネスにおいて個人でがんばっている人は、そのイメージがなかったら、それこそ薄利多売の自転車操業に陥ってしまう可能性があります。

相手にいいイメージをもってもらうには、誰かに自分のことを宣伝してもらえること、いわゆる、「口コミ」がとても効果的です。

たとえば、セミナー講師Aさんが単価を高くしようとしたら、「Aさんはすごい腕前なんですよ」という人がいてくれて、なおかつ「Aさんは、その気にならないとOKしないんですよ」といったストーリー（物語）があるとグッドです。

単に、「Aさんはすごい！」と言っただけでは、すごい人ならほかにもたくさんいるし、「きっとこの人が個人的にAさんを気に入っているだけだろう」としか思われません。だから物語が必要なのです。

これを聞いた相手は、「そんな人がいるんだ」と注目して、単価は高く設定しなければならないと勝手に思い込んでしまいます。

さらに本人が、「私は別に、お金で動いてるわけじゃない」などと言えば、相手はなおのこと「これぐらい出さないと失礼だな」と考えます。

売り込みや営業も大切ですが、このように、利害的なかかわりのない第三者から褒めてもらえること、宣伝してもらえることはとても効果的です。

これを戦略的に行なっている人もいれば、そうではなく、本当に応援を受けているという人もいますが、いずれの場合であっても、他者からストーリー性のある宣伝をしてもらえると、不景気の世の中でも価格を下げずに勝負していくことができます。

間接暗示テク❻ 「自己開示」をする

間接暗示の上手な人には、自己開示能力が高いという共通点があります。

逆に、間接暗示がうまくない人というのは、人と一緒に行動をしたがらないとか、プライベートなことはあまり話さないとか、家には人を呼ばないなど、とにかく秘密の窓がたくさんあります。

秘密を隠しとおすより、自己開示をしていたほうが断然ラクに生きられるのですが、このような人というのはそれに気がついていません。

間接暗示の上手な人でも、絶対に実年齢を言わないという女性もいますが（笑）、しかし、自己開示能力は総じて高いものです。

知り合いの経営者に、トップエグゼクティブから小劇団の役者さんまで、さまざまな人と付き合いのあるとても人脈の広い人がいます。その人を悪く言う人は不思議といないのですが、それもそのはず、自己開示の天才なのです。インターネットのブログでプライベートの様子を写真つきでまめに発信し、年賀状は自分とその家族の1年間に起きた出来事を書いて何千人にも送るそうです。そのため、その人がいない間でも、共通の知人同士でその人の話題になります。

それだけで、宣伝効果は抜群。その人の誕生日パーティーには、何百人もの人が集まるのだそうです。そのなかには、友人だけでなく、彼の部下や前の会社の部下もいる。人と人を結びつけるのも大好きで、しょっちゅう自宅で「出張先で買ってきたチーズを食べる会」など小さなイベントを主催して、人を楽しませています。

彼のすごいところは、けっしてそれをビジネスに結びつけようとしないところです。いろんな人が集まるわけですから、結果としてビジネスに結びつくこともあるとは思いますが、表立っては自分のビジネスに関することは一切宣伝しません。オフと割り切っているので、いろんな人が気さくに集まってくるのです。

第1章で、うまくいく人というのは、自宅にお客さんを招くことが好きな人が多いと述べましたが、このような人は、もともと気さくで明るくて開放的な性格だからとか、小さな頃からそうした環境の中で育ってきたからかというと、けっしてそうではありません。人に楽しんでもらいたいという心がけがあるから自己開示をしようとも思えるのです。

なかには、他喜力はかならず返ってくるということを知っていて、最初からなんらかのメリットとの交換条件として、戦略的に自己開示をしているという人もいます。

ともあれ、自己開示をしていたほうがラクに生きられるし、信頼とともに情報もどんどん集まってくるので、ますます生きやすくもなるということに間違いはありません。

間接暗示テク❼ 「3秒ルール」でハートを捉える

3秒ルールと聞いて、「相手の目を見て笑顔でうなずくこと」だと答えた人は、なかなかできた人です。

「食べ物を落としても3秒以内ならセーフ」のことだと思った人は、残念ながらまだまだお子様レベルです。

じつは、会話の際、**笑顔で相手の目を見ながら、1秒間ずつ3回うなずく**と、思いのほか相手に好印象を与えることができます。

「自分の話に興味をもち、しっかり聞いてもらえている」と感じるからです。実際にはまったく話を聞いていない場合でも、たった3秒間のボディーランゲージによって、相手はそのように判断するわけです。

大きな声では言えませんが、じつは私も、家内と一緒に犬の散歩をする際、この3秒ルールを使うことがあります。

女性の脳は、言葉の理解や表現をつかさどる言語野が発達しているので、話をしていると、それがどんどん発展していきます。ところが、男性の脳は単純にできているので、どうしても結論思考になってしまい、それに追いついていくことが困難になってきます。

……要するに、話がどんどん興味のない方向へ広がっていくので、どうでもよくなってくるわけです（笑）。

そのようなときこそ、この3秒ルールです！

なんだかよくはわからなくても、とにかくスマイル。そして、家内の目を見て、イ〜チ、ニ〜、サ〜ンのリズムでうなずきます。

これで家内もニコニコご機嫌です。

もしここであくびでもしようものなら、家内が不機嫌になるせいで、散歩中はもちろん、それから延々イヤな思いをするのは、ほかでもない私自身です。パートナーへの愛を守るのは、この3秒ルール以外にはないと言っても過言ではありません。ビジネスでもプライベートでも、笑顔はおろか、相手の目を見ないで会話をしている人がいますが、これは絶対に損です。

たった3秒間でいいのです。笑顔で相手の目を見てうなずいてみましょう。途端に「感じのいい人」とか「人柄のいい人」などと、好印象をもってもらえるようになることうけあいです。

できる人は、このようなことをテクニックで行なっているので、慕ってくれる人、応援してくれる人、ファンが多いのです。

間接暗示テク❽ 「慈しみの微笑」を浮かべる

3秒ルールには欠かせない「笑顔」ですが、その際に、とても効果的な笑顔があります。

もともと笑顔には、次の3つの種類があります。

①「アハハハ」と大きく口を開いて笑った顔。爆笑をしているときの顔など
②①よりはもうすこし上品な「ニコニコ」した顔。恵比須顔《えびすがお》などと呼ばれる顔
③微笑。モナリザのような慈しみ深い笑い顔

3秒ルールに効果的なのは、③の微笑です。

ただし、いざそれをやってみようと思っても、どうにも不自然な笑い顔になってしまうものです。

このようなときには、「大好きな人とキスをする場面をイメージ」してみるとグッドです。

大好きな人とキスしようとしているときには、老若男女、きれいでもそうでなくても、イケメンでもそうでなくても、どのような人でもじつにいい顔になります。なぜかというと、「オキシトシン」という愛情ホルモンが脳内に分泌されるからです。

これが、相手に好感をもってもらえる一番いい笑顔を生むのです。

爆笑や恵比須顔は、おもしろいことや嬉しいこと楽しいことがあれば自然にできてしまうものですが、微笑は人格に磨きがかからなければ自然にできるようにはなりません。

ですが、大好きな人とのキスシーンをイメージして鏡に向かい、目を開け、口角は上げて、ほほ笑むという訓練によって、どんな人でもかならずできるようになります。

さっそく練習してみましょう！

間接暗示テク❾ 「歩み寄り」の価格交渉

薄利多売、価格破壊が進んでいた時代でも、値を崩すことなく悠々と営業を続ける人たちがいました。

さぞかしサービスや商品がダントツに飛びぬけて素晴らしいのだろうと考えてしまいがちですが、かならずしもそうではありません。

じつは、このような人たちの多くは、次のような「（5段階の）価格設定法」を活用しているのです。

①価格を設定する
②相手にはその価格より高めの額で提案する
③相手に「その価格ではムリだ」と却下されるので、ここで「では、おいくらまでなら出せますか？」と質問する
④相手の提示してきた額では「できません」と答えながらも、「では、これくらいではどうでしょう」と、歩み寄りの姿勢を見せる
⑤相手も歩み寄ってくるので、ここで決定する

たとえば、建築関係の取引で、あなたは1億2000万円で仕事を請け負いたいと思っていたとします（①）。

そのまま伝えると、相手はかならず値切ってきますから、最初は「1億5000万円になります」と、高めの価格で提案します（②）。

相手は「それではムリです」と答えてくるので、すかさず「では、おいくらまでなら出せますか？」と質問します（③）。

相手は「じゃ、1億1000万円でどうでしょう」などと言ってくるので（たとえそれで十分に請け負えるとしても）、「いやいや、それではムリですよ」と言いながらも、「では、1億3000万円くらいではいかがですか」と、歩み寄りの姿勢を見せます（④）。すると、相手も、その価格に近い幅で「それでは、1億2000万円で」などと妥協してきます（⑤）。

このやり方は、講師料、出演料、講演料、原稿料等々、いろいろなジャンルで活用できるのですが、ただ、あきらかにあまり予算を出せないケースというのもやはりあるので、その場合はこのように交渉しても決裂してしまいます。

それで仕事を断っていると、まったく仕事依頼がなくなってしまうということにもなりかねないので、このようなときは、決裂ではなく、別の部署、部下、アシスタント等、その価格で請け負えるほかの人を選任するようにします。

この他喜力により、あらゆるニーズへの対応を可能にするわけです。

間接暗示テク⑩ 大失敗は、あえて「責めない」

できる人は、仲間や部下が何かで大失敗をしても、むやみに相手を責めたりしません。

なんらかの損害が出て、それで多大な迷惑を被ったとしてもです。

たとえば、自分の留守中に店舗が全焼してしまったとします。火元は自分のお店ということになると、通常なら、責任者である部下を責めるものです。

しかし、覆水盆に返らずで、全焼してしまったものはもうどうにもなりません。いくら責任の所在を追及したところで、どんなに叱ったところで、なんの役にもたちません。

叱るまでもなく、火を出してしまった本人は罪悪感でいっぱいになっているものです。叱らなければならないのは、むしろ小さなミスをしたときで、小さなミスの場合は、悪いことだと認識していない場合がおうおうにしてあるので、その場で指摘してあげなければなりません。

しかし、取り返しのつかない大きなミスをした場合は逆で、器の大きな賢い人間なら、相手を責めるのではなく、この事態をどう活かすかを考えます。

「燃えてしまったのだから仕方ないよ。オレに任せろ。また新しいお店を出して、みんなでカバーしていこうよ」

そのようにスタッフ全員の前で言えば、誰もが「うちの社長はすごい人だ」と思うし、そんな社長のもとでがんばっていこうという気概も生まれます。

ミスをした本人も、覚悟をきめて社長についていこうとするでしょう。つまり、相手が大失敗したときというのは、腹をくくって自分についてきてもらえるように仕向ける大チャンスなのです。それが、「どうしてくれるんだ！」「一生償え！」などと言ったら、即あなたのもとから去っていってしまうことでしょう。これでは、本当に悲惨な大失敗のまま終わってしまいます。

泣きたいくらい辛いときでも、「オレに任せろ」と言える人間はやはりカッコいいものです。「武士は食わねど高楊枝《たかようじ》」という言葉がありますが、できる人、上に立つ人というのは、どんなにくじけそうになったときでも常にカッコよく生きているものなのです。

だからみんなが憧れるし、ついていこうとも思うのです。

じつは、お店が全焼したというこの事例は、架空のエピソードではありません。私の門下生の経営するお店で本当に起きたことです。

おそらく彼はこの先、何軒店舗が全焼したとしても（実際にはそのようなことはあってはならないのですが）、何度でも這い上がり、再び成功を手にすることでしょう。

はたして今回の大災難に際し、彼はどのように陣頭指揮にあたったのでしょうか？

それは、みなさんのご想像にお任せすることにしましょう。

あとがき

人生の最後に、どんな「結果」を残すか？

他喜力銀行にこそ預金しよう

人さまが銀行だとしたら、惜しむことなく人を喜ばせることをしている人というのは、「他喜力」というお金を、銀行にたくさん預金している人だと言えます。

今朝はパートナーにこのくらい他喜力を入金して、お昼は取引先の担当さんにも他喜力を入金して、お客さんにもたくさん入金した、という毎日を送っていると、そうやって預金した他喜力には、かならず金利がついて返ってきます。

一方、わざわざ手間のかかることをして人を喜ばせたり、何かを差し上げたりすることは損だと認識する人は、「他喜力」を経費として考え、どんどんそのムダをカットしていこうとするものです。

どうしてもカットできない部分だけは残し、サービスならサービスを提供していくわけですが、その部分は義務で行なっていたりするので、さほど心がこもっていません。

やはりそうなると、相手も損か得かで判断しようとするので、なかなか思惑どおりにはならないことが多いものです。

なかには、うまいことを言って他者から奪ってばかりの人もいますが、銀行の残金はゼロどころかマイナスになっているのですから、かえって負債返済に四苦八苦するような事態を招いてしまいます。

不祥事がバレて謝罪会見をしている人たちというのは、まさにその極端な例です。我欲のままに生きていくことは、一見得なように思えますが、そのじつ、天につばを吐いたように返ってくるものなのです。

送別会は、他喜力の成績表

会社勤めをしている人なら、さほど親しくない人であったとしても、義理で送別会に出席するということがあると思います。

みんなが喜んで参加してくれている送別会なのか、シブシブ仕方なしに参加してもらった送別会なのか、当の本人にはだいたい見当がついていることだとは思いますが、これこそ、その組織でどのくらいその人が他喜力を預金してきたかがわかる、預金通帳の内訳なのです。

みんなから煙たがられていた上司の送別会に出席したある男性は、2次会もあるというので仕方なく参加しようとしたところ、自分以外に誰ひとりとして参加する人がいないということを知り、愕然《がくぜん》としたそうです。

しかし、これこそがその上司の偽らざるこれまでの生きざまなのです。よほど他喜力の乏しい人だったのでしょう。

今から何をしたとしても、たとえお金をばらまいたとしても、どうにもなることではありません。

結局この男性は上司と2人で2次会をしたそうです。本人は、自分はあまりにもお人よしすぎるのではないかとか、このようなことをしたことで、かえってほかの人たちから疎まれてしまうのではないかといったことを心配していたのですが、それでいいのです。

これこそ大きな他喜力です。誰もができることではありません。

すぐには返ってはこないかもしれませんが、その思いやりと勇気は、かならずや大きな喜びを彼のもとに運んできてくれることでしょう。

最後の最後に、生き方の結果が出る

本当にその人が徳のあるすごい人だったのかそうでなかったのかは、最後の最後までわからないものです。

生きているときには誰でも、自己中心で自我があるからです。

それを人生というかぎりある時間の中ですこしでもよいものにし、最後は心乱すことなく臨終を迎えようとするのが「臨終正念《りんじゅうしょうねん》」というもので、これは、最期の人間のあり方を説く仏教の教えであり、誰もが望むことでしょう。

ところが、多くの人はこのようなことなど考えもしないで生きているので、生きている間に大切にしなければならないこと、とりわけ、他喜力を発揮しなければならないということなどはまったく意識しないで生きています。

しかし、生きているときの答えが臨終のときには否応なしに出るのです。

人知れず息をひきとる人もいれば、多くの人に惜しまれながら亡くなる人もいます。

これこそが、生きている間にどれだけ人を喜ばせてきたかという他喜力の差のあらわれです。

とはいえ、若い人はとくに、別に人に悲しんでもらわなくてもいいいと思っていることでしょう。

ですが、他喜力を発揮することなくそのまま年をとっていったのなら、実際には、誰にも気づかれることなくひっそり亡くなる、孤独死を遂げるしかないという状況になり、人生の終わりにとてつもなく寂しく辛い思いをすることになります。

「私の人生ってなんだったんだろう」
「オレはなんのために生きてきたのだろう」
「なんでこんな人生になってしまったんだろう」

そう思っても、もはや引き返すことはできません。
すでに時遅し。やり直しはきかないのです。

ですが、どうぞご安心ください。私たちにはまだ時間があります。
今からでも遅くはありません。他喜力を発揮して生き、豊かで幸せな輝ける人生を手に入れましょう。

それが、人生の最後に手にしたいと願う臨終正念へもつながるのですから、今の時代にこれほど確実で素晴らしい投資はありません。

西田文郎

本書は、２０１１年11月に徳間書店より刊行された同名の本の新装版です。

解説

流行のビジネス書には書いてない〝成功の本質〟が詰まった本！

本のソムリエ「読書のすすめ」店長　清水克衛

2023年、夏の甲子園《こうしえん》で107年ぶりの優勝を果たした慶應義塾《けいおうぎじゅく》高校。同チームのスローガンが「他喜《たき》昇《のぼ》り」だったことを、みなさんはご存じでしょうか？

このスローガンについて、キャプテンとしてチームを引っ張った大村昊澄《おおむらそらと》選手は、優勝後のインタビューで次のように語っています。

「『他喜力』という言葉があるのですが、『誰かを喜ばせたい』という思いが、目に見えない力を与えてくれることを信じています。自分たちのために野球をするのではなく、自分たちを支えてくださっている方や、応援してくださっている方へ恩返しするために頑張ろう、という意味で『他喜昇り』というスローガンをつくりました」

西田先生が長年、提唱してこられた「他喜力」が、今も若い人たちに影響を与えていること。そして、実際に勝利へと導いていることを知り、嬉しい気持ちになりました。

西田先生と初めてお会いしたのは、1997年頃だったと記憶しています。私が経営する書店、「読書のすすめ」がオープンしてまだ間もない頃でした。

当時、西田先生は、デビュー作『No. 1理論』（現代書林、のちに三笠書房《みかさしょぼう》で文庫化）を出版されたばかりでした。この本をたまたま手にとった私は、読めば読むほどのめり込み、ついに心のスイッチが「バチン！」と入ってしまったのです。

さっそく私は、当時、お世話になっていた斎藤一人《さいとうひとり》さん（「銀座《ぎんざ》まるかん」の創業者で、高額納税者番付の常連だった方）に、「こんなすごい本を見つけました！」とおすすめしました。すると、なんと数千冊もの注文をいただいたのです。西田先生も喜んでくださり、「清水くんがいれば本だけで食っていけるな」と笑っていらしたのを覚えています。

驚いたのはそのあとです。「読書のすすめ」主催で、西田先生の講演会を開くことはできないかと考え、お願いの電話を差し上げたときのこと。「講演料はいくらお支払いすればいいですか？」と恐るおそる尋ねた私に、西田先生は「清水くんにはいつも世話になっているから、お金はいらないよ」と言ってくださったのです。

その瞬間、またしても心のスイッチが「バチン！」と入ってしまいました。「西田先生の本をもっともっと売るぞ！」と心に決めたのは言うまでもありません。

今回、復刊の運びとなった『他喜力』は、２０１１年、東日本大震災が発生した年に出版された本です。西田先生は、この本（24ページ）で「読書のすすめ」を、「他喜力」で立地のハンディを乗り越え、成功をつかんだ店として紹介してくださいました。

西田先生が指摘されているように、「読書のすすめ」は東京の外れにある書店です。店を始めた当初は、「そんな場所で書店をやっても、本が売れるわけないじゃないか」と多くの人から言われました。「このあたりの人は本なんか読まないから、エロ本専門店になるしかない」と、ひどいことを言われたこともあります。

だからこそ、どうしたらお客さんに喜んでもらえるか、誰よりも必死で考えました。その結果、段ボールのＰＯＰや幸せになるおみくじといった仕掛けや、こちらから本をおすすめする販売スタイルが生まれたのです。

もし、「読書のすすめ」の立地がよかったら、ここまで考えていなかったと思います。どこにでもある、ありふれた書店になっていたでしょう。今は本が売れないと言われる時代ですから、とっくにつぶれていたかもしれません。

どうしたらお客さんに来てもらえるか。考えているうちに、この世には人を喜ばせる法則があることに気づきました。そして、それを「NWBの法則」と名づけました。

◎N――泣かす
◎W――笑かす
◎B――びっくりさせる

この「NWBの法則」を仕掛けることを、お店でも、飲み会などのプライベートでも、常に考えてきました。

「読書のすすめ」では、以前、こんなこともやっていました。夏の暑い日に、ペットボトルの水をたくさん冷やしておいて、本を買ってくれたお客さんに渡すのです。

でも、ただ渡すだけでは「NWB」になりません。お客さんが店を出たら10秒数えて、それから水を持って追いかけていって、「今日は暑いですから、飲んでください」と声をかけて渡すのです。

ちょっとした違いですが、お客さんからすると、受ける印象はまったく違います。なかには、その場で泣き出したお客さんもいたほどです。

そんなことばかりやってきた私ですから、『他喜力』をはじめて読んだときは、「自分のやってきたことは間違っていなかった」と、西田先生に認めてもらったような気持ちになりました。そして、ただがむしゃらにやってきたことが、じつは科学的にも正しかったこともわかり、大きな自信にもつながりました。

そうした意味で、この本は私にとって愛着のある一冊なのです。

私はよく、「いい本読んだら、すぐ実践！」と言っています。読んだら終わりではなく、読んだことを実践し、試行錯誤することで、はじめて自分のものになると思うからです。

ですから、みなさんも、この本を閉じたら、さっそく誰かを喜ばせてみてほしいのです。

と言っても、何をしたらいいかわからないという人もいると思います。そんな人におすすめなのは、タクシーに乗ったり、買い物をしたり、食事をしたりしたときに、「お釣りはいらないよ」と言うことです。

最近は「コスパ」という言葉が流行っているようですが、1円でも得をしたいという風潮があるように感じます。そこで、あえて「お釣りはいらないよ」と言ってみる。すると、この本にも書かれているように、自分が嬉しい気持ちになることが実感できます。

これはやってみないとわからない感覚です。ぜひ、試してみてください。

私は「他喜力」こそが、人生を生きるうえで一番大切なことだと確信しています。しかし、最近、その「他喜力」が世の中から失われているように感じるのです。

たとえば、タッチパネルで注文し、ロボットが配膳し、無人レジでお金を払うようなお店が増えています。しかし、これでは「今日はこれが美味しいですよ」とおすすめしたり、「こっそり大盛りにしておいたよ」とサービスしたり、「これから雨が降るそうだから気をつけてね」と気遣う言葉をかけたりすることはできません。お客さんの側だって、「お釣りはいらないよ」と言うことはできません。

自動化することで、効率はよくなるのでしょう。数字だけ見れば、利益が上がったように見えるかもしれません。しかし、こうしたお店のファンになるお客さんが、どれだけいるでしょうか。本当に困ったとき、そのお客さんは支えてくれるのでしょうか。

本の世界からも「他喜力」が失われているように感じます。たまに大きな書店さんに足を運ぶと、「こうすれば儲《もう》かる」「こうすれば成功できる」といった、自分の利益ばかりを求めるビジネス書がズラッと平積みされていて、残念な気持ちになります。

人を喜ばせること、人を幸せにすることについて書かれた本は、宗教書のコーナーなど一部に見られるだけです。

そんな時代だからこそ、この『他喜力』はいっそう輝きを増すのではないでしょうか。流行のビジネス書には書いてない「成功の本質」が詰まった本書のエッセンスを、ぜひ自分のものにしていただければと思います。


聞くところによると、この本はしばらく絶版状態が続いていたそうです。そのため、インターネットのオークションでは、高値で取引されていたようです。

そんな貴重な本が、このたびの復刊で誰もが手軽に入手できるようになりました。書店を経営する者として、そして西田先生のファンのひとりとして、これほど喜ばしいことはありません。

もちろん「読書のすすめ」でも、全力を挙げて売っていくつもりです。もし、この解説を書店で立ち読みしている人がいたら、そっと棚に戻していただいて、「読書のすすめ」に足を運んで買ってもらえたら嬉しく思います（笑）。

なお、今回の復刊は、ご縁を大切にする出版社、清談社Publicoの畑祐介社長の尽力によって実現しました。読者を代表し、この場を借りて感謝をお伝えします。

他喜力《たきりょく》 新装版《しんそうばん》
この「脳《のう》の力《ちから》」を使《つか》うと、幸運《こううん》が押《お》し寄《よ》せる！

2023年12月13日　第1刷発行
2024年 8 月 8 日　第2刷発行

著　者　西田文郎《にしだふみお》

ブックデザイン　福田和雄（FUKUDA DESIGN）
本文DTP・図表デザイン　サカヨリトモヒコ
解説構成　石井晶穂

発行人　畑 祐介
発行所　株式会社 清談社Publico
〒102-0073
東京都千代田区九段北1-2-2　グランドメゾン九段803
Tel. 03-6265-6185　Fax. 03-6265-6186

印刷所　中央精版印刷株式会社

ISBN 978-4-909979-54-4 C0030

清談社
Publico
http://seidansha.com/publico
X @seidansha_p
Facebook http://www.facebook.com/seidansha.publico

清談社
Publico

西田一見《はつみ》の好評既刊

大谷翔平の成信力《せいしんりょく》

私が高校時代に伝えた、
夢が必ず実現する「脳活用術」

数々の経営者、アスリートの夢をかなえたメンタルトレーニング術「SBT」の驚くべき効果。実際に大谷翔平を指導し、「世界一」へと導いたメンタルコーチングの第一人者が、「科学的」な成功法則を初公開。

ISBN:978-4-909979-58-2　定価：本体 1,600 円+税